Ralf Bierod

Das Anlernen von Kriegsgefangenen und zivilen Zwangsarbeitern in deutschen Betrieben während des Zweiten Weltkriegs

Unternehmerische Initiative oder planwirtschaftliches Programm?

Analyse eines Instruments der Kriegswirtschaft

Zweite, erweiterte und bearbeitete Auflage

Ralf Bierod

DAS ANLERNEN VON KRIEGSGEFANGENEN UND ZIVILEN ZWANGSARBEITERN IN DEUTSCHEN BETRIEBEN WÄHREND DES ZWEITEN WELTKRIEGS

Unternehmerische Initiative oder planwirtschaftliches Programm?

Analyse eines Instruments der Kriegswirtschaft

Zweite, erweiterte und bearbeitete Auflage

ibidem-Verlag
Stuttgart

Bibliografische Information der Deutschen Nationalbibliothek

Die Deutsche Nationalbibliothek verzeichnet diese Publikation in der Deutschen Nationalbibliografie; detaillierte bibliografische Daten sind im Internet über http://dnb.d-nb.de abrufbar.

Bibliographic information published by the Deutsche Nationalbibliothek

Die Deutsche Nationalbibliothek lists this publication in the Deutsche Nationalbibliografie; detailed bibliographic data are available in the Internet at http://dnb.d-nb.de.

Foto Titelumschlag: Ausländerwerkstätten der Brabag Böhlen 1943. Sächsisches Staatsarchiv Leipzig, Brabag Braunkohlenbenzin AG, Werk Böhlen, Nr. 132. Abdruck mit freundlicher Genehmigung des Sächsischen Staatsarchiv Leipzig.

∞

Gedruckt auf alterungsbeständigem, säurefreien Papier
Printed on acid-free paper

ISBN-10: 3-89821-993-3

ISBN-13: 978-3-89821-993-8

© *ibidem*-Verlag
Stuttgart 2010

Inhaltsverzeichnis

Vorwort

Ausgehend von meiner 1992 am Historischen Seminar der Universität Hannover vorgelegten Magisterarbeit „Arbeitskommandos sowjetischer Kriegsgefangener in der Forstwirtschaft und im Güterumschlag der Provinz Hannover 1941-1945" sichtete ich die Wirtschaftsbestände ostdeutscher Landes- und Staatsarchive hinsichtlich vergleichbarer Anlern- und Qualifizierungsmaßnahmen in Bergwerken, Rüstungs- und Industrietrieben. Denn es hatte sich gezeigt, dass Revierförstereien im Staatsforst mit Beginn der Beschäftigung von Kriegsgefangenen, im Holzeinschlag dazu übergingen, diese anzulernen. Das Reichsforstamt hatte von 1943 an für das Anlernen im Wald Richtlinien formuliert und für Kolonnenführer, die mit Kriegsgefangenen arbeiteten, Lehrgänge angeordnet.

Mittlerweile wird das Thema Anlernen von Kriegsgefangenen, Militärinternierten und ausländischen Zivilarbeitern in deutschen Betrieben während des Zweiten Weltkriegs in zahlreichen Publikationen zur Zwangsarbeit gestreift.

Dabei ergibt sich bislang ein widersprüchliches Bild zur Interpretation. Einerseits werden die Maßnahmen allein der Politik von Fritz Sauckel und Albert Speer zugeschrieben, andererseits zu pauschal dem Handlungsspielraum der Betriebe zugeordnet.

Vielfach unberücksichtigt blieb dabei die Funktion und Aufgabe der Arbeitsämter.

Für Anlern- und Qualifizierungsmaßnahmen bestand vor der Berufung von Fritz Sauckel zum Generalbevollmächtigten für den Arbeitseinsatz und Albert Speer zum Minister für Bewaffnung und Munition im Jahr 1942 ein Handlungsspielraum für Betriebe, den diese bisweilen nutzten. Nachdem das Anlernen - vielfach auf Basis des achtwöchigen DAF-Programmes „Eisen erzieht" - seit 1942 mit immer größerem Druck vom Regime durchgesetzt wurde, stieß es vielfach auf Widerspruch. Denn die Betriebe konnten die von ihnen angelernten Kräfte nicht auf Dauer behalten. Darüber hinaus vertrug sich das Anlernen von Ausländern nicht mit dem nationalsozialistischen Bild der deutschen Gefolgschaft. Die Arbeitsämter entwickelten sich zur zentralen Schnittstelle, die das Anlernen einzuführen und zu überwachen hatte. Die Deutsche Arbeitsfront (DAF) begleitete das Anlernen von Ausländern propagandistisch.

Die hier vorliegende Arbeit beschränkt sich ausschließlich auf den Aspekt des Anlernens im Betrieb. Auf Lebens- und Lagerbedingungen für die ausländischen Arbeitskräfte, Verpflegung, Unterkunft und die Behandlung durch Wachmannschaften hatte das Anlernen keinen nachweislichen Effekt. Anhand des benutzten Quellenmaterials lassen sich keine Zusammenhänge zwischen dem Anlernen und den Lebensbedingungen in den Unterkünften herstellen, ebenso wenig wie zur Behandlung durch deutsche Belegschaften und Wachmannschaften.

Bei dem gesichteten Material handelt es sich um die Betriebsakten ostdeutscher Industrieunternehmen, das mit der Verstaatlichung der Betriebe nach 1945 in die öffentlichen Staats- und Landesarchive gelangte.

1. Einleitung - Betriebliche Handlungsspielräume für das Anlernen vor der Berufung von Fritz Sauckel und Albert Speer

„Die durch den Krieg bedingten Einberufungen brachten es mit sich, daß an Metallfacharbeitern ein beträchtlicher Mangel herrschte. In der Erkenntnis, daß bisher uk-gestellte jüngere Fachkräfte auf die Dauer doch nicht zu halten sind und dass insbesondere auch nach dem Krieg die Lage auf dem Arbeitsmarkt geschulter deutscher Arbeitskräfte sich zunächst kaum bessern dürfte, wurde in Böhlen bereits Ende 1941 in größerem Maßstab dazu übergegangen, ausländische Metallfachwerker einzusetzen und ungeschulte ausländische Kräfte anzulernen. Der Heranziehung von russischen Kriegsgefangenen wurde unsere besondere Aufmerksamkeit gewidmet, da damit zu rechnen ist, daß diese Arbeitskräfte die längste Zeit bei uns bleiben werden und sich somit eine Umschulung bzw. Anlernung am sichersten lohnt." [1]

Dieser hausintern an die Schwesterwerke gerichtete Bericht des Werkes Böhlen der Braunkohlenbenzin AG spricht die zentralen Vorteile aus, die sich manche Betriebe vom Anlernen der Kriegsgefangenen und zivilen Ausländer versprachen, lange bevor dieses von Fritz Sauckel als Generalbevollmächtigter für den Arbeitseinsatz und Albert Speer als Minister für Bewaffnung und Munition zur Jahresmitte 1942 über die Arbeitsämter und über die Deutsche Arbeitsfront von den Betrieben eingefordert wurde.

Das Anlernen und Umschulen von Kriegsgefangenen, zivilen Zwangsarbeitern, italienischen Militärinternierten und jüdischen Häftlingen in deutschen Betrieben war in den vergangenen Jahren ein in mehreren wissenschaftlichen Arbeiten gestreiftes Thema. Es blieb jedoch stets ein Unterkapitel, dessen Bewertung eher von Unsicherheit geprägt blieb und das in den wichtigsten Arbeiten dazu allein der Politik von Fritz Sauckel

---

[1] Brandenburgisches Landeshauptarchiv, Rep. 75 Brabag Werk Schwarzheide Nr. 58, Report und Fotobildband des Werkes Böhlen in Sachsen an die Schwesterwerke vom 13. Januar 1943 über den Erfolg der Ausbildungswerkstätten in Böhlen.

und Albert Speer zugeschrieben wurde.[2] Es schien sich als ein Indikator zum Nachweis der Hierarchisierung von Nationalitätengruppen und der Rasseideologie sowie als Beleg zur wachsenden Ökonomisierung des Ausländereinsatzes im Verlauf des Zweiten Weltkrieges zu erweisen. Das Anlernen entwickelte sich unter Sauckel und Speer zu einem zentralen Instrument zur Steuerung der Kriegswirtschaft. Es gelang ihnen, über die Arbeitsämter auf Basis des achtwöchigen DAF-Programms „Eisen erzieht" einen universell verfügbaren Arbeitskräftepool unter den zivilen und kriegsgefangenen ausländischen Arbeitskräften zu schaffen. Je nach Bedarf und Dringlichkeit konnten die angelernten Kräfte über die Arbeitsämter abgezogen und anderen Betrieben zugewiesen werden. Obwohl das Instrumentarium bereits 1942 entwickelt wurde, erlangte das Aufkommen der Anlernmaßnahmen erst 1944 den Höhepunkt - just in dem Jahr, in dem die Kriegswirtschaft die höchsten Stückzahlen an Waffen produzierte. Dennoch zeigte sich Albert Speer mit dem Umfang des Anlernens stets unzufrieden. Somit stellt sich die Frage, ob das Anlernen aus Perspektive des Regimes als Misserfolg zu bewerten ist.

Weitgehend fehlten bislang Beispiele, wie dieses Anlernen und Umschulen im Betrieb organisiert wurde, ob es einheitlich verlief und wie sehr es über das Einüben von wenigen Handgriffen hinausging. So sind auch die Einordnung des Anlernens und die Bewertung in der Literatur bislang widersprüchlich. So wird die Frage, ob das Anlernen seinen Ursprung in Betrieben hatte oder die Entwicklung erst durch die Politik Sauckels und Speers angestoßen wurde, diametral entgegengesetzt beantwortet. Arbeiten über die Deutsche Arbeitsfront kamen stets zu einem anderen Ergebnis als Untersuchungen zur Zwangsarbeit und zogen Beispiele aus den ersten beiden Kriegsjahren heran, während derer Betriebe einen scheinbar großen Handlungsspielraum in der Frage hatten. Ideologisch begleitet wurde das Anlernen bereits in dieser Zeit durch die DAF, die insbesondere ihr schon für Zivilisten in Friedenszeiten erprobtes Pro-

---

[2] Walter Naasner, Neue Machtzentren in der deutschen Kriegswirtschaft 1942-1945, Boppard 1994. Gabriele Hammermann, Zwangsarbeit für den Verbündeten, Tübingen 2002, S. 108.

gramm „Eisen erzieht" nahtlos auf die Ausländerbeschäftigung übertrug. Vielmehr ist deshalb zu vermuten, dass die politische Spitze das Instrument 1942 nicht einfach anordnete sondern durch Erfahrungen aus Betrieben dazu inspiriert wurde. Ebenso offen ist die Frage, wie das „Anlernen" bewertet werden soll. Erwies es sich aus Sicht des Regimes als erfolgreiches Instrument der Kriegswirtschaft? War es gleichzeitig aus Sicht der Betriebe ein unerwünschter planwirtschaftlicher Eingriff?

In den Wirtschaftsbeständen der ostdeutschen Staats- und Landesarchive finden sich einige Beispiele, wie dieses Anlernen in Rüstungsbetrieben ausgestaltet wurde, welche unerwarteten Folgen es dort hatte und wie Betriebe es auch zu verhindern und zu blockieren versuchten. Dabei erweist sich Anlernen und Umschulen als nur eine Seite der planwirtschaftlichen Kampagne zur Flexibilisierung der ausländischen Arbeitskräfte. Untrennbar verbunden ist das Anlernen und Umschulen mit dem Umsetzen der Angelernten durch die Arbeitsämter - die wichtigste Schnittstelle, die in den meisten Arbeiten zum Thema Anlernen bislang unbeachtet blieb. Den Arbeitsämtern kam eine doppelte Aufgabe zu: das Anlernen durchzusetzen und zu überwachen sowie andererseits den im Bezirk vorhandenen Pool angelernter ziviler wie kriegsgefangener Ausländer je nach Dringlichkeit vom Herkunftsbetrieb abzuziehen und rüstungsrelevanteren Betrieben neu zu vermitteln. Es gab mehrere Gründe für Betriebe, diesen Mechanismus zu blockieren. Die Chronologie des Anlernens macht deutlich, dass das Instrument erst während des Kriegsjahres 1944 eine breite Wirkung entfaltete, nachdem neue Druckmittel installiert worden waren.

Das Desinteresse von vielen Betrieben, Ängste der deutschen Belegschaft und Fehler der Arbeitsämter verhinderten den von Speer rasch gewünschten Erfolg des Anlernens. Die Schlüsselfunktion kam dabei den Arbeitsämtern zu. Sie waren die Behörde vor Ort, die Betriebe zunächst zum Anlernen bewegen und dies später auch überwachen sollte. Weil sie auch die Dringlichkeiten der regionalen Rüstungskommission zu erfüllen hatten, ergaben sich diametral entgegen gesetzte Zielkonflikte.

Denn die Betriebe verstanden nicht, weshalb sie Angelernte nicht längerfristig halten durften. Dass mit dem Anlernen, ein universell verfügbarer
Fachkräftepool von ihnen herangebildet werden sollte, auf dessen Verwendung sie jedoch keinen Einfluss haben würden, war den Werken und
Betrieben nicht bewusst.

Bereits vor Berufung von Fritz Sauckel zum Generalbevollmächtigten für
den Arbeitseinsatz im Frühjahr 1942 war es in der Praxis üblich, ausländische Arbeitskräfte und Kriegsgefangene anzulernen, wie aus einer internen Mitteilung der Werkleitung II der Bergmann-Elektrizitätswerke AG
Berlin vom 24. November 1941 hervorgeht. Einen geschlossenen Einsatz von mindestens 20 sowjetischen Kriegsgefangenen konnte sich die
Werksleitung in der Presserei vorstellen, allerdings nicht für Hilfsarbeiten. Gesucht wurden qualifizierte Facharbeiter. Eine Presskolonne von
20 Schmieden und Schmiedehelfern, eine Kolonne von 30 Drehern und
Maschinenarbeitern, eine Kolonne von jeweils zehn Drehern, Revolver-
drehern, Fräsern, Schlossern und drei Elektrikern für die Fahrzeugfabrik
sollten in einer Einarbeitungszeit von sechs bis acht Wochen angelernt
werden.[3]

Kriegsgefangene waren nicht die erste Gruppe. So wie Tilla Siegel in ihrer sozialhistorischen Untersuchung über Rationalisierung in der Industrie herausstellt, stehen „Anlernen" und „Umschulen" in einem Entwick-
lungsprozess der Personal- und Arbeitsplanung seit den zwanziger Jahren. Anlernmaßnahmen gab es zuvor schon für zivile Ausländer aus
Nord- und Westeuropa sowie für jüdische Häftlinge bei Siemens etwa
und AEG. Einzelne Betriebe von Siemens griffen dabei auf Erfahrungen
aus dem Ersten Weltkrieg zurück.[4] Handlungsspielräume der Betriebe
bestanden - in jedem Falle während der ersten drei Kriegsjahre.

---

[3] Landesarchiv Berlin (LAB), Rep. 250-03-02 Nr. 56, Bl. 22.
[4] Tilla Siegel, Industrielle Rationalisierung unter dem Nationalsozialismus, Frank-
     furt/ Main 1991, S. 104-107.

Siegel zitiert einen Jahresbericht des Siemens Elmowerkes aus dem Jahr 1939/40, in dem über den Erfolg des Anlernens von 350 jüdischen Frauen berichtet wird und der eindeutig den Betrieb als Initiator ausweist.[5]

Nicht nur im Siemens-Elmowerk waren jüdische Häftlinge angelernt worden. Die AEG-Akkumulatorenfabrik in Berlin-Oberschöneweide suchte im August 1941 Ersatz für die bevorstehende „Abgabe der jüdischen Arbeiter". In Aussicht gestellt waren 100 französische Kriegsgefangene. Eine Aktennotiz hält fest, dass man „die brauchbaren jüdischen Arbeitskräfte - etwa 30 Prozent - fernerhin hier zu beschäftigen" beabsichtige. „Da mit der Übernahme der Kriegsgefangenen eine Abgabe der jüdischen Arbeiter geplant ist, so ist zu entscheiden, zu welchem Zeitpunkt dies geschehen kann, um eine Verminderung der Produktion zu vermeiden. Voraussichtlich werden als Einarbeitungszeit vier Wochen genügen, während welcher Zeit die jüdischen Arbeiter schubweise abgelöst werden könnten. Von den 100 Kriegsgefangenen sind 48 Arbeiter für die Plattenfabrikation, 44 für die Einbauwerkstätte und der Rest für den Hof vorgesehen."[6] Die Einarbeitungszeit von vier Wochen ist hier die Voraussetzung, um die eingearbeiteten jüdischen Häftlinge ersetzen zu können. Kontinuität und Kompatibilität waren hier das erste Ziel. Wäh-

---

[5] Siegel, S. 388: „Durch Abgrenzung bestimmter geschlossener Abteilungen konnten wir im Geschäftsjahr rund 350 Jüdinnen einstellen und hierdurch die freiwerdenden deutschen Arbeiterinnen für besondere Wehrmachtsaufträge einsetzen. Alle Jüdinnen wurden auf ihre Einsatzfähigkeit sowohl ärztlich als auch eignungsmäßig geprüft. Durch diese Maßnahme erreichten wir, daß der Prozentsatz der Ungeeigneten geringer als zehn Prozent aller Eingesetzten war. I...I Diese Arbeitskräfte waren meist berufsfremd und ungeschult, sie mussten zunächst angelernt werden und das war erfolgreich, trotzdem die Verständigung mittels der nur in geringer Zahl zur Verfügung stehenden Dolmetscher oft schwierig ist. Die Ausländer wurden in alle Werkstätten eingesetzt, während der verstärkte Einsatz von Nichtariern in abgetrennten Arbeitsstätten der Wickelei, Stanzerei und dem Kommutatorbau erfolgte. Der Einsatz war erfolgreich, die meisten der eingestellten erreichten nach ihrer Anlernung bald die geforderten Leistungen."

[6] Landesarchiv Berlin, Rep.: 250-03-04, Nr. 11, Aktennotiz Berlin Oberschöneweide vom 28. August 1941.

rend man keinen Versuch unternahm, die jüdischen Häftlinge unter Hinweis auf ihre Eignung im Betriebe zu halten, versuchte die Akkumulatorenfabrik dagegen, den neuen Franzosen den Aufenthalt so angenehm wie möglich zu gestalten. Tatsächlich trafen sogar 340 französische Kriegsgefangene arabischer Herkunft ein. Für diese besondere Nationalität bemühte man sich noch vor deren Ankunft einen Koch zu engagieren, der in der arabischen Küche erfahren sei. Man wolle Rücksicht auf die nationalen Eigenheiten und Essgewohnheiten nehmen und stellte Erkundigungen bei der Großküche Berolina nach einem erfahrenen Koch an. Neben dieser Arabeske zeigt die Quelle aber eindeutig, dass das Anlernen für die jüdischen Häftlinge und französischen Kriegsgefangenen in diesem Betrieb im Sommer 1941 eine Selbstverständlichkeit war, mehr als ein halbes Jahr vor der Berufung Sauckels zum Generalbevollmächtigten für den Arbeitseinsatz. Somit muss zu diesem Thema vor 1942 ein erheblicher Handlungsspielraum geherrscht haben, wie schon Ulrich Herbert vermutete.

Das Beispiel ist überhaupt eines der frühesten. Es widerlegt andere Autoren, die das Anlernen mit der Anordnung der Regierung im vierten Kriegsjahre festmachen. Nahezu selbstverständlich scheint das Anlernen von zivilen freiwillig angeworbenen Kräften aus Skandinavien im Jahr 1940 gewesen zu sein. Mommsen berichtet dies für das VW-Werk. In den Ausbildungs- und Umschulungswerkstätten des VW-Werks, dem so genannten Vorwerk, betrug der Ausländeranteil im Jahr 1942 bereits 20 Prozent von insgesamt knapp 2000 Personen in Ausbildung.[7]

Siegel führt an, dass sowohl bei Unternehmen als auch bei der DAF ein Konsens darüber geherrscht habe, dass die ausländischen Arbeitskräfte nach hierarchischer Gliederung ausgebildet wurden und für die unteren Plätze vorgesehen gewesen seien. Diese Sichtweise teilen Mommsen und Hammermann. Gabriele Hammermann bietet bislang die ausführ-

---

[7]   Hans Mommsen/ Manfred Grieger, Das Volkswagenwerk und seine Arbeiter im Dritten Reich, Düsseldorf 1996, S. 243. Schaubild.

lichste Analyse über den Entstehungsprozess von Schulungsmaßnah-
men für Kriegsgefangene am Beispiel für italienische Militärinternierte.
Jedoch steht ihre These, für Kriegsgefangene seien Qualifizierungsmaßnahmen erst im Frühjahr 1944 ernsthaft erwogen worden, im Widerspruch zu anderen Publikationen.[8]

Ein Zitat der Zentral-Werksverwaltung der Siemens-Schuckertwerke
über eine interne Tagung mit Vertretern einzelner Betriebe zu dem Thema ‚Ausländer-Einsatz' zeigt vielmehr, dass sich Betriebe im Jahr 1942
bei ihren Entscheidungen über das Anlernen recht unabhängig fühlten:
„Im Ausländereinsatz mußte anfangs vieles improvisiert werden, was
nach und nach durch planmäßige Organisationsarbeiten in feste Bahnen
gelenkt wurde. Gerade im Laufe dieses Jahres ist nun der Druck stärker
geworden, auch den Kräfteeinsatz noch mehr als bisher zu rationalisie-
ren, nicht allein des Kräftemangels, sondern auch der Fertigungskosten
wegen, die erneut in den Brennpunkt der Betrachtungen gerückt sind."
Gleichwohl bedeutete die Maßnahme zum Anlernen keine gewandelte
wohlwollende Haltung gegenüber Zwangsarbeitern. Nach Georg Siemens blieben ausländische Arbeitskräfte „unerbetene Mitarbeiter".[9] Eine „Abkehruntersuchung" von Januar bis Juni 1942 ergab, dass 46,5
Prozent der Gesamtbelegschaft durch Einberufungen gewechselt hatte.
31 weitere Prozent schieden ohne Einberufung aus dem Betrieb aus.
Von ihnen waren 70 Prozent Ausländer. Dazu hieß es in dem Bericht.
„Die Ziffern zeigten ganz eindeutig die ungeheure Zusatzbelastung des
dauernden Anlernens der Ersatzkräfte und müssen erneut zur Abkehr-
bekämpfung anspornen." Dieses Zitat veranschaulicht das Ausmaß des
Anlernens bei Siemens im ersten Halbjahr 1942. Es wirft aber auch zugleich die Frage auf, ob das Vorhaben nicht zum Scheitern verurteilt sein
musste, wenn es nicht gelang, selbst ausgebildete Kräfte auf Dauer im
Betriebe zu halten.

---

[8]   Gabriele Hammermann, Zwangsarbeit für den Verbündeten, Tübingen 2002, S.
201.

[9]   Georg Siemens, Der Weg der Elektrontechnik, Die Geschichte des Hauses Siemens, Band 2. München 1961, S. 338.

Insbesondere jedoch Arbeiten zur Geschichte der Deutschen Arbeitsfront haben gezeigt, dass das Anlernen von Ausländern, Häftlingen und Kriegsgefangenen schon vor Berufung des Generalbevollmächtigten für den Arbeitseinsatz stattgefunden hat und von Ämtern der DAF auf eine ideologische Basis gestellt worden war.[10] Die Mehrzahl der Autoren bezieht sich auf die zweite Phase und sieht Anlernen und Umschulen als Ausdruck eines Primats der Politik.[11]

Naasner leitete diese Entwicklung ausschließlich aus der Richtliniengebung Sauckels ab. Jedoch deuten Ergebnisse der Unternehmensstudien in eine ganz andere Richtung:

„Bei Daimler Benz, wie bei den meisten seither erschienenen großen Betriebsstudien, fallen vor allem die großen Unterschiede zwischen den einzelnen Werken und Werksteilen der Unternehmen in Bezug auf die Art und Weise der Behandlung der Zwangsarbeiter ins Auge. Die einzelnen Werksleitungen, aber auch die Lagerführer, die Meister und Vorarbeiter besaßen hier große Spielräume. Die bis heute immer wieder vernehmbare Behauptung, die Art des Zwangsarbeitereinsatzes sei allein oder auch nur in erster Linie auf die Weisungen der NS-Behörden zurückzuführen, wurde hier mehrfach und einander bestätigend widerlegt."[12]

Herbert bemerkte: „Viele Unternehmen gerade der Metallindustrie, die an einem effektiven Einsatz der ihnen zugewiesenen Arbeitskräfte interessiert waren und sogar dazu übergingen, die russischen Arbeiter anzulernen, entwickelten in der Folgezeit eigene Behandlungs-Richtlinien und gaben Zusatzverpflegung aus."[13]

---

[10] Ulfried Geuter, Das Institut für Arbeitspsychologie und Arbeitspädagogik der Deutschen Arbeitsfront, in: 1999. Zeitschrift für Sozialgeschichte des 20. Und 21. Jahrhunderts. 2. Jahrgang, Januar 1987, Heft 1, S. 87-95.

[11] Annette Schäfer, Zwangsarbeiter und NS-Rassenpolitik, Russische Arbeitskräfte in Württemberg, 1939-1945, Stuttgart 2000, S. 53-64.

[12] Ulrich Herbert, Zwangsarbeit im „Dritten Reich", Kenntnisstand, offene Fragen, Forschungsprobleme, in: Zwangsarbeit in Deutschland 1939.1945, Archiv- und Sammlungsgut, Topographie und Erschließungsstrategien, hg. v. Wilfried Reininghaus und Norbert Reimann, Bielefeld 2001, S. 22.

[13] Herbert, Ausländerbeschäftigung, S. 150.

Bereits Ende 1942 seien bei Krupp die Hälfte der sowjetischen Arbeitskräfte angelernt oder als Facharbeiter eingesetzt worden. Osteuropäische Arbeiter hätten weniger in den besonders schmutzigen Feuerbetrieben gearbeitet. Vielmehr sei der typische Arbeitsplatz die Dreh- oder Fräsbank gewesen.

Herberts Beispiele der Deutschen Edelstahlwerke Krefeld, Bochumer Verein und Maschinenfabrik Heller in Nürtingen zum Anlernen von Zwangsarbeitern und Kriegsgefangenen machen deutlich, dass sich Anlernen im dritten Kriegsjahr rasch durchsetzte.[14] Von ,,Anlernmaßnahmen" im Ruhrbergbau berichtet Herbert ebenfalls und zitiert Vorschläge des Betriebsinspektors der Bezirksgruppe Steinkohlenbergbau Ruhr zur Einführung einer ,,Grundausbildung" für bergbauspezifische Tätigkeiten.[15] Herbert favorisierte eine Sichtweise, die den Betrieben Handlungsspielraum zugesteht. Doch wird hierbei die zunehmende Aufsichtsfunktion vernachlässigt, mit der Speer und Sauckel die Arbeitsämter beauftragt hatten. Hans-Christoph Seidel weist das Anlernen denjenigen Unternehmen zu, die bereits längere Erfahrung mit Umschulungs- und Qualifizierungsmaßnahmen hatten und zählt hierzu das Volkswagenwerk, die Luftfahrtindustrie sowie die südwestdeutsche Rüstungsindustrie.[16] Thomas Urban berichtet vom Anlernen jugendlicher und weiblicher Ostarbeiter zu Elektro- und Autogenschweißern in der Thüringer Grube Kraft Thräna.[17] So stehen auch in der jüngsten Literatur die entgegen gesetzten Perspektiven im Raum, die Initiative wäre primär von den Betrieben oder allein vom Staat ausgegangen.

Die Deutsche Arbeitsfront DAF bot Betrieben quasi als Dienstleister schon seit dem Jahr 1942 ein fertiges Handwerkszeug sowie wissen-

---

[14]   Herbert, Fremdarbeiter, S. 273-276.
[15]   Herbert, Fremdarbeiter, S. 281f.
[16]   Klaus Tenfelde und Hans-Christoph Seidel (Hg), Zwangsarbeit im Bergwerk Band 1, Essen 2005, S.155.
[17]   Thomas Urban, Todeskandidaten im Tagebau, Zwangsarbeiter im Mitteldeutschen Braunkohlenbergbau während des Zweiten Weltkriegs. In: Klaus Tenfelde und Hans-Christoph Seidel (Hrsg). Zwangsarbeit im Bergwerk, Band 1, S. 324.

schaftliche Mitarbeiter zur Auslese von Ausländern an. Das DAF-Amt für Leistungsertüchtigung, Berufserziehung und Betriebsführung gab dann im Mai 1943 das Blatt ,,Anlernung und Umschulung - Richtlinien für die Ausbildung der deutschen und fremdvölkischen Arbeitskräfte'' heraus.[18]

---

[18] Ulfried Geuter, Das Institut für Arbeitspsychologie und Arbeitspädagogik der Deutschen Arbeitsfront, in: 1999. Zeitschrift für Sozialgeschichte des 20. und 21. Jahrhunderts. 2. Jahrgang, 1987, Heft 1.

1.2. Anlernen im Werk Böhlen der Braunkohlenbenzin AG

Zum gleichen Zeitpunkt verfolgte die Leitung des Werkes Böhlen der Brabag bereits eine Strategie, die sich die zivile Facharbeiterausbildung zum Vorbild nahm. In ihrem Bericht 1/1943 informierte die Betriebsleitung des Werkes Böhlen der Braunkohlenbenzin AG die Hauptverwaltung in Berlin sowie die Schwesterwerke über den Stand der Ausbildung der Kriegsgefangenen zum Facharbeiter in den betriebseigenen „Ausbildungswerkstätten" in den zurückliegenden 13 Monaten.[19] Speer war mit dem Vorstand Bütefisch der Braunkohlenbenzin AG gut bekannt. [20] Die von Speer geforderten Anlernmaßnahmen waren während des Jahres 1942 allgemein nicht in dem von ihm gewünschten Maße erfolgt. Der mit Fotos aus den Lehrwerkstätten von Böhlen illustrierte Bericht sollte die übrigen Betriebe der Brabag noch im Jahr 1943 animieren, dem Beispiel zu folgen. Doch scheint dies etwa in den Werken Zeitz und Schwarzheide nicht geschehen zu sein. Denn es war schon während des Jahres 1943 der planwirtschaftliche Charakter abzusehen, nämlich, dass einmal im Betrieb angelernte Ausländer durch die Arbeitsämter wieder abgezogen werden würden. Die vier Werke der Braunkohlenbenzin AG rekrutierten wohl auch deshalb seit Jahresbeginn 1942 Häftlinge aus Konzentrationslagern.[21]

---

[19] Bericht der Technischen Abteilung über die Ausländerwerkstätten Böhlen, verfasst von Obering. Dr. Wolf am 13. Januar 1943. Sächsisches Staatsarchiv Leipzig, Braunkohlenbenzin AG Werk Böhlen, Nr. 132.

[20] Die Braunkohlenbenzin AG wurde 1934 gegründet. Gründungsunternehmen waren IG Farben, Deutsche Erdöl AG, Braunkohlenbrikett-Benzin Gesellschaft, Anhaltische Kohlenwerke, Ilse Bergbau Hütte, Mitteldeutsche Stahlwerke, AG Sächsische Werke, Elektrowerke AG Berlin, Rheinische AG für Braunkohlenbergbau, Brikettfabrikation Köln, Werschen Weißenfelser Braunkohlen AG Halle. Zur Brabag zählten die Werke in Böhlen, Magdeburg, Schwarzheide und Zeitz. Herstellung von Treibstoffen, Schmierölen und ähnlichen Erzeugnissen. LHBR, Pr. Br. Rep. 75 Brabag Schwarzheide.

[21] Thomas Urban, Zwangsarbeiter im Mitteldeutschen Braunkohlenbergbau während des Zweiten Weltkriegs, in: Klaus Tenfelde und Hans-Christoph Seidel (Hrsg), Zwangsarbeit im Bergwerk, Band 1, Essen 2005, S, 319.

Es ist ein internes Papier. Bereits seit Ende 1941 sei der Betrieb „in grö-ßerem Maßstab dazu übergegangen, ausländische Metallfachwerker einzusetzen und ungeschulte ausländische Kräfte anzulernen."[22] An Metallfachwerkern herrsche ein beträchtlicher Mangel. Man sei zu der Erkenntnis gelangt, dass bisher „UK-gestellte jüngere Fachkräfte auf die Dauer doch nicht zu halten sind und das insbesondere auch nach dem Krieg die Lage auf dem Arbeitsmarkt in Bezug auf Zurverfügungstellung geschulter deutscher Arbeitskräfte sich zunächst kaum bessern dürfte. Deshalb sei man dazu übergegangen, „ausländische Metallfachwerker einzusetzen und ungeschulte ausländische Kräfte anzulernen." Bis Anfang 1943 hatte die Betriebsleitung vier sogenannte „Arbeitsgruppen" gebildet, die sich aus 207 kriegsgefangenen sowjetischen Metallfachwerkern und 27 ungeschulten sowjetischen kriegsgefangenen Hilfshandwerkern, 63 französischen kriegsgefangenen Metallfachwerkern und 24 belgischen und kroatischen Metallfachwerkern zusammensetzten. Zum Zeitpunkt der Berichterstattung befanden sich „76 Mann in Umschulung".

Die umzäunten Ausländerwerkstätten lagen getrennt von den Produktionsanlagen. Die sowjetischen Kriegsgefangenen arbeiteten in den Elektro-, Armaturen-, Hochdruck-Montagewerkstätten. Die „umgeschulten Belgier" in der Niederdruck-Montage-Werkstatt und die kriegsgefangenen Franzosen in der Betriebskontroll-Werkstatt. Die Umschulungswerkstatt bestand aus drei Abteilungen, „so dass jeweils die einzelnen Nationen voneinander getrennt geschult werden können". Die Kapazität der Werkstatt wurde mit 76 Arbeitsplätzen angegeben. An 15 weiteren Arbeitsplätzen wurde das „Rohrbiegen" gelehrt.

„Der Heranziehung von russischen Kriegsgefangenen wurde unsere besondere Aufmerksamkeit gewidmet, da damit zu rechnen ist, daß diese Arbeitskräfte die längste Zeit bei uns bleiben werden und sich somit eine Umschulung bzw. Anlernung am sichersten lohnt", wurde begründet.

---

[22]   Gregor Janssen, Das Ministerium Speer, Berlin 1968, S. 237.

Das Werk ging davon aus, dass die einmal Angelernten dauerhaft im Betrieb verbleiben würden.

„Aus der großen Masse" der auf dem Montagegelände als Erdarbeiter befindlichen russischen Kriegsgefangenen, hatte man sich ersteinmal die herausgesucht, die angaben, über Fachkenntnisse zu verfügen. Nach Abnahme einer achttägigen, handwerklichen Prüfung und nach Beurteilung des „körperlichen Kräftezustandes" und des „allgemeinen Eindrucks", wurden sowjetische Kriegsgefangene zu „Umschulungen herangezogen". Andere Betriebe gingen zu jener Zeit einen anderen Weg und versuchten, beruflich qualifizierte Kriegsgefangene im Vorfeld der Zuweisung zu selektieren. Die Maschinenfabrik Buckau R. Wolf in Magdeburg beschäftigte während des Zweiten Weltkriegs in den Betrieben Salbke und Buckau mehr als tausend sowjetische Kriegsgefangene. Als Hersteller von Militärfahrzeugen war der Bedarf an Metallfacharbeitern entsprechend hoch. Zur Ermittlung der Qualifikation des Einzelnen bereiste im März ein Betriebsführer gemeinsam mit einem Vertreter des Arbeitsamtes Magdeburg in Absprache mit dem Wehrkreisbeauftragten des Wehrkreises XI Arbeitskommandos, um in Steinbrüchen, Handwerksbetrieben und in der Landwirtschaft Facharbeiter zu selektieren. Dabei nahmen sie das sowjetische Bewertungsschema zur Einstufung von Qualifikationen für Dreher, Schlosser und Schmiede zur Grundlage: „In der Sowjetunion werden die Facharbeiter nach ihrer Wertigkeit in Gruppen eingeteilt. Die höchste Gruppe ist VII und entspricht der Tätigkeit eines Werkmeisters. In der Elektroindustrie sind es nur drei Gruppen", heißt es in dem „Besuchsbericht", der neben Berufsangabe und „Wertigkeit" auch die Dauer des ausgeübten Berufs erfasste.[23]

---

[23] Landeshauptarchiv Sachsen-Anhalt Magdeburg, Buckau Br. Nr. 1046. Dieses Interesse an den beruflichen Vorkenntnissen stand jedoch in keinem Verhältnis zu den Lebensbedingungen in den Werken. In den Betrieben von Buckau R. Wolf funktionierte die Verpflegung über die Großküche bis zum Kriegsende immer wieder nicht. Die deutsche „Gefolgschaft" steckte den Russen über Monate Brot zu, später verweigerten die Russen das Essen. Im letzten Kriegsjahr versuchten die Werksleitungen vergeblich, die Großküche zu Quantität und Qualität zu drängen.

Unter „Umschulung" verstand man im Betrieb Böhlen der Brabag einen Kurs von acht Wochen Dauer, wobei man sich den Ausbildungskursus „Eisen erzieht" der DAF zum Vorbild nahm. Der Deutschen Arbeitsfront kam seit 1942 die Aufgabe zu, das Anlernen und Umschulen propagandistisch zu begleiten und insbesondere vor deutschen Stammbelegschaften zu rechtfertigen. Doch schon seit den 30er Jahren war die Qualifizierung Ungelernter in Metallberufen eine der Hauptzielsetzungen der DAF. Maßnahmen in Elektroberufen fanden dagegen längst nicht in dem gleichen Umfang statt. Ein deutscher Lehrgeselle lernte in Böhlen die „Umschüler" in Gruppen von 30 Mann an. „Es hat sich gezeigt, dass der größte Teil der Umschüler mit Interesse und Fleiß an der Arbeit war, so dass durchaus gute Ergebnisse gezeitigt wurden. Uninteressierte Russen werden schon nach wenigen Tagen zu den Ausschachtungsarbeiten zurückgeschickt", formulierte die Betriebsleitung ein Druckmittel.

Man beabsichtige „die russischen Handwerker als auch Umschüler von Zeit zu Zeit immer wieder durch die Umschulungswerkstätte laufen zu lassen, um ihre Kenntnisse zu verfestigen und zu verbessern."

Nach der Umschulung wurden die „Metallfachwerker" den einzelnen Werkstätten zugewiesen. In der Elektrowerkstatt wurden Montagearbeiten für neue Werksanlagen durchgeführt. Schaltgerüste, Kabelroste und Gussverteilungen wurden geschweißt und montiert. In der Armaturen-Werkstatt wurden sämtliche Armaturen des Werkes überholt. Hier wurden auch Regale angefertigt und Schweißarbeiten durchgeführt. In der Hochdruck-Montage wurden neue Hochdruckanlagen hergestellt. Die Niederdruck-Montage erstellte Anlagen zur Destillation und Rohrleitungen für neue Werksanlagen. Die Betriebskontrolle bearbeitete Werkzeuge und stellte Messeinrichtungen für alle Brabag Werke her. Da das Werk, wie es zu dieser Zeit üblich war, seine Produktionsanlagen selbst herstellte und instand setzte, stellten die Werkstätten einen lebenswichtigen Betriebsteil dar.

Während der achttägigen Prüfung wurden „sämtliche grundlegenden Handgriffe des Schlosserhandwerks gründlich erprobt". Nachdem man auf diese Weise Profis ausfindig gemacht hatte wurden die „Männer mit Spezialkenntnissen zu entsprechendem Einsatz gebracht". So hatte man sich die Fähigkeiten von zwei Ingenieuren zur Anfertigung technischer Zeichnungen zunutze gemacht. Dreher, Bohrer, Schuhmacher Auto- schlosser und Elektriker habe man „gemäß ihren Spezialkenntnissen verwandt" berichteten die Böhlener ihren Kollegen.

Zur „Leistungssteigerung" hatte man „Arbeitskolonnen" unter Leitung eines deutschen Facharbeiters gebildet. Als äußeres Kennzeichen tru- gen die Kriegsgefangenen ihre „Kolonnennummer" am Ärmel. Der deut- sche Facharbeiter trug dieselbe Nummer auf seiner Armbinde. Der deut- sche „Kolonnenführer" arbeitete mit im Akkord. Für seine „Führungstätigkeit" erhielt er eine monatliche Prämie von sieben bis zehn Reichsmark, je nach Größe der Kolonne. Die Arbeiten in den Ko- lonnen wurden „verakkordiert" und die ereichten Akkordprämien wo- chenweise aufgezeichnet, „so dass man ein Bild über die Leistung jeder Gruppe erhält". Die Leistungskurve diente als Grundlage für Leistungs- prämien", die man den russischen Kriegsgefangenen zuteilte. Erzielte ein sowjetischer Kriegsgefangener eine „Akkordprämienzeit" von 150 Prozent, erhielt er zwei Zigaretten am Tag. Bei einer Akkordprämienzeit von 125 Prozent wurde ein „Stern mit Ausweis" verliehen. „Beide zu- sammen berechtigen beim Essenfassen zum Erhalt einer zweiten Porti- on", beschrieb die Werksleitung in ihrem Bericht. „Ausgezeichnet wird nicht die ganze Kolonne von beispielsweise 15 Mann, sondern nur die tüchtigsten Arbeiter derselben, etwa zwei bis vier Mann. Die Sterne wer- den wieder eingezogen, wenn die Leistungskurve unter 125 Prozent sinkt." Erzielte ein Arbeiter immerhin mit 100 Prozent noch die „deutsche Normalleistung", gab es 20 Pfennig Lagergeld extra.

Durch dieses Prämiensystem habe man einen beachtlichen Erfolg er- zielt, da nahezu alle Kurven auf die 100 Prozent-Linie hinsteuern. „Es zeigte sich auch, dass mit dem Stern ausgezeichnete Russen sich als bevorzugt und als eine Art Vorarbeiter fühlen, sich in entsprechender Mehrleistung ausdrückt. Wir sind bestrebt, nach und nach weitere Prämien einzuführen, so dass die Arbeitsleistung der Russen allmählich immer mehr gebessert werden wird.

Die Anwendung von Gewalt war zwar durch das OKW untersagt. Unter der Rubrik ,,Ordnungshaltung" hatte man eine eigene Lösung: ,,Die Ausländerwerkstätten sind dem Werkstättenbetrieb angegliedert. Die gesamten organisatorischen Arbeiten werden von einem Werkmeister und einem Hilfsdolmetscher durchgeführt. Zur Aufrechterhaltung der Disziplin, insbesondere bei den russischen Kriegsgefangenen, ist eine russische Polizeikolonne, bestehend aus drei Mann, eingerichtet worden, die durch rote Armbinden kenntlich sind und die Aufgabe haben, sowohl den gesamten Werkstättenbereich als auch die sonstige nähere Umgebung der Ausländerwerkstätten nach herumbummelnden und Tabakreste suchenden Russen abzusuchen. Ihre Zurechtweisungen führen die russischen Polizisten wesentlich weniger mit Worten als mit der Tat aus."

Es habe sich herausgestellt, dass bei günstiger Ernährung und richtiger Anfassung aus den russischen Kriegsgefangenen verhältnismäßig am meisten herauszuholen sei, da sie im großen und ganzen arbeitswilliger seien und größeren Respekt hätten als die kriegsgefangenen Franzosen. ,,Sollte sich die Ernährungslage der russischen Kriegsgefangenen weiterhin noch bessern können, so glauben wir, nach und nach aus denselben vollwertige Arbeitskräfte heranziehen zu können."

Zur Lösung des Sprachproblems stand bei Böhlen nur ein sowjetischer Hauptdolmetscher und ein Hilfsdolmetscher zur Verfügung. ,,Mit behördlicher Genehmigung haben wir zur Erleichterung der Zusammenarbeit deutsche Sprachkurse für die Russen eingerichtet, die sich allerdings ausschließlich auf die Erlernung von Fachausdrücken beschränken müssen. Die Kurse finden allabendlich in Gruppen von je 30 bis 40 Mann statt. Es zeigte sich, daß ein größerer Teil der Russen interessiert und willig ist, während etwa die Hälfte der ursprünglich 250 Mann teils wegen Unkenntnis des Schreibens, teils wegen sonstiger völliger Uninteressiertheit ausgeschaltet werden muß." Nach dem Ablauf von zwei Wochen habe man bereits eine deutliche Verbesserung der „fachlichen Verständigung" zwischen Kolonnenführer und Kriegsgefangenen feststellen können.

Die drei anderen Werke der Brabag übernahmen dieses Modell jedoch nicht. Das Werk Zeitz setzte überwiegend auf „freie Ausländer". Im Juli 1944 waren unter der „Gesamtgefolgschaft" des Werkes Zeitz von 2991 Personen 755 zivile Ausländer, von denen sowjetische Bürger mit 513 die Mehrzahl stellten. Neun Franzosen und 25 Italiener waren die einzigen Kriegsgefangenen in Zeitz.

Die spätere Entwicklung bei der Brabag Böhlen ist nicht dokumentiert. Der Betrieb hebt sich in der Anlernfrage von anderen deutlich ab. Denn viele waren aus verschiedenen Gründen zurückhaltend. Zunächst machten die Betriebe schnell die Erfahrung, dass Angelernte von Arbeitsämtern rekrutiert wurden. Und andererseits setzte man die Zukunft der ukgestellten deutschten Restbelegschaft aufs Spiel. Die Betriebe entwickelten deshalb verschiedene Verschleppungstaktiken, um Angelernte Kräfte nicht zu frühzeitig zu verlieren.

Lange vor dem Beginn des Krieges gegen die Sowjetunion und ein Jahr vor Ernennung des Generalbevollmächtigten für den Arbeitseinsatz hatte der Reichsarbeitsminister Fehlern der Arbeitsämter bei der Arbeitseinsatzlenkung aufzuspüren versucht. Am 25. Februar 1941 erging ein Erlass an die Präsidenten der Landesarbeitsämter. Hier wurden bereits Fehlerquellen in den Arbeitsämtern benannt, die später Fritz Sauckel und Albert Speer zu umgehen versuchten und die sich wie ein roter Faden bis in das letzte Kriegsjahr hineinziehen sollten. Schon hier wie auch später gelang es in den Arbeitsämtern nur unzureichend, den Einfluss der Betriebe auf die einzelnen Vermittler und Bearbeiter zurückzudrängen. Schon 1941 zeichnete sich die Tendenz ab, dass Betriebe bei den Arbeitsämtern in Erwartung baldiger Einziehungen Fachkräfte auf Vorrat anforderten und die Arbeitsämter ihrerseits wegen Überlastung und fehlender Datenlage Schwierigkeiten hatten, die Rüstungsrelevanz eines Betriebes und dessen tatsächlichen Facharbeiterbedarf einzuordnen. Die Tendenz der Betriebe, zu erwartende Einberufungen schon im Vorfeld durch Neuanforderungen zu decken, ließ sich trotz eindeutiger Anweisung an die Arbeitsämter nicht stoppen. Mit der Anordnung zum Anlernen und Umschulen wollten Sauckel und Speer seit der Jahresmitte 1942 Betriebe zwingen, ihren Fachkräftebedarf primär selbst heranzubilden und auf Fachkräfteanforderungen zu verzichten.

2. Die Überwachung des Anlernens durch die Arbeitsämter

Die lokalen Arbeitsämter begannen seit der Jahresmitte 1942 mit der Überwachung und Unterstützung der Ausbildungs- und Umschulungstätigkeit in Betrieben der Rüstungswirtschaft und in anderen Wirtschaftsgruppen auf Grundlage der so genannten Anordnung Nr. 6 des Generalbevollmächtigten für den Arbeitseinsatz. „Falscher beruflicher Einsatz" sowie „keine Anleitung beim erstmaligen Einsatz" sah Fritz Sauckel als wesentliche Gründe für geringe Arbeitsleitung von Kriegsgefangenen an. Ende Juni 1942 erging die Anweisung an die Präsidenten der Landesarbeitsämter, Betriebe zum Anlernen zu bewegen: „Wiederholt ist mir berichtet worden, dass man es an einer vernünftigen Anleitung der Kriegsgefangenen bei ihrer Arbeit hat fehlen lassen. Es liegt auf der Hand, dass ohne Anleitung von einem Kriegsgefangenenkommando in vielen Fällen ersprießliche Arbeit nicht erwartet werden kann. Die Betriebe sind deshalb immer wieder darauf hinzuweisen, dass sie für eine genügende Anleitung der eingesetzten Kriegsgefangenen durch Fachkräfte oder angelernte Kräfte sorgen müssen."[24] Aus einer Hausmitteilung der Hauptverwaltung der Preussag an ihre Werke vom 7. September 1942 wird unter dem Betreff „Anlernen von Ausländern" festgehalten: „Der Sachbearbeiter für Ausbildungsfragen in der Bergabteilung des Reichswirtschaftsministeriums, Herr Oberbergrat L., hat vor kurzem in einer Besprechung darauf hingewiesen, dass der Anlernung von Ausländern zu wenig Bedeutung beigemessen wird. Es ist nun beabsichtigt, mit einigen anderen Gesellschaften die Erfahrungen, die bisher in der Anlernung von ausländischen Arbeitskräften und Kriegsgefangenen gemacht wurden, zu sammeln und den zuständigen Stellen zur Kenntnis zu bringen." [25]

---

[24] Landeshauptarchiv Sachsen-Anhalt, Rep. I. Preußische Bergwerks- und Hütten AG, Kaliwerk Staßfurt, Nr. AI, PST 1183, Seite 30ff.

[25] Landeshauptarchiv Sachen Anhalt, Rep. I. Preussische Bergwerks- und Hütten AG. Kaliwerk Staßfurt. Nr. AI, PST, 1155. Seite 132, Preussag Hausmitteilung, Berlin 7. September 1942.

2.1. Anlernen bei Waggonbau Gotha

In anderen Betrieben war zu diesem Zeitpunkt das Anlernen schon weit fortgeschritten. Betriebe, die primär Fahrzeuge und Waffen produzierten, wurden dabei jetzt nicht nur von den Arbeitsämtern bevorzugt, sondern erhielten direkte Unterstützung der Ministerien. So trug der Reichsminister für Luftfahrt die Anlernkosten für zivile und kriegsgefangene Ausländer im Flugzeugbau. Wie rasch dies im Juni 1942 umgesetzt wurde, geht zum Beispiel aus einer internen Aktennotiz der Waggonbauwerke Gotha aus dem November 1942 hervor. Das Werk fertigte für das Flugzeugbauprogramm von Messerschmidt: „Wir erhalten in den nächsten Tagen weiteren Zuschub von 1000 Ausländern, teilweise Zivil- und Kriegsgefangene. Einen großen Teil dieser Ausländer müssen wir rasch in die Produktion überführen. Die Anlernkosten werden beim Flugzeugbau vom RLM getragen, wobei wir jedoch größtes Interesse zeigen müssen, wie weit die einzelnen Volksangehörigen für Anlernzwecke besser oder weniger gut geeignet sind. Erhöhte Anlernkosten bzw. Zeit für Italiener, Russen, Franzosen, Holländer. Hierfür bestehen sechs Kommissionsnummern."

Waggonbau Gotha hatte beim Reichsminister für Luftfahrt den Bedarf von 600 Ausländern für die Lehrlingsausbildungswerkstatt zur Jahresmitte 1942 angemeldet - aus einem Kontingent von insgesamt 14000 Leuten, die ausländische Ausbildungswerkstätten der Flugzeugindustrie durchlaufen sollten. Am 4. September waren 400 zivile sowjetische Staatsbürger, Männer und Frauen, für Gotha zugesagt.

Schon die Kostenübernahme für die Anlernphase bedingte eine Kontrolle durch die höchste Stelle. Über den Stand der Umschulung für den Flugzeugbau wurde der Reichsminister der Luftfahrt und Oberbefehlshaber der Luftwaffe direkt informiert in Halbmonatsberichten. Waggonbau Gotha meldete am 3. November 1942: „Von den im Flugzeugbau angesetzten 416 Männern und Frauen konnten 83 Prozent den Leistungsgruppen 20 (einfache qualifizierte angelernte Arbeiten mit planmäßiger Anlernung), 30 (hochqualifizierte angelernte Arbeiten mit längerer Planmäßiger Anlernung) 40 (einfache Facharbeit oder höchstqualifizierte angelernte Arbeiten), 14 Prozent der Leistungsgruppe 10 (einfache angelernte Arbeiten) zugewiesen werden, während sich drei Prozent noch im Anlernverhältnis befinden. Die Frauen haben sich anstelliger gezeigt als die Männer."[26]

Zuvor hatte es bei Waggonbau Gotha bereits ein eigenes Konzept zum Anlernen gegeben. Das Werk hatte am 27. Juli 1942 das Arbeitsamt Gotha über die bisherige Praxis zur Einarbeitung von Ausländern informiert. Das Arbeitsamt hatte auf Grundlage von Sauckels Anordnung zum Umschulen erstmals flächendeckend die in Betrieben bislang übliche Praxis zum Anlernen und Einarbeiten erfragt. Das Technische Sekretariat erklärte dazu: „Da wir an vielen Stellen der Fertigung verhältnismäßig einfache Arbeiten haben, die auch von ungeübten Kräften ausgeübt werden können, so werden die Ausländer sofort unter Anleitung besonderer Ausbilder in die Fertigung eingestellt und arbeiten lernend mit. Nach kurzer Zeit erledigen sie dann die Arbeiten selbständig. Schwirige Arbeiten, insbesondere der mechanischen Werkstätten, wie Drehen, Fräsen usw., werden sobald wir eine gewisse Auslese treffen können, im Rahmen unserer Lehrwerkstätte, die wir für eine bestimmte Zeit des Tages für diesen Zweck freihalten, durchführen lassen. Wir beschäftigen zur Zeit vier Nationalitäten, Italiener, Franzosen, Holländer, Russen." [27]

Erstmals im Juli 1942 erging an Betriebe der offizielle Auftrag zum „Umschulen" von Ausländern. Das Arbeitsamt ließ sich dazu die Namen aller Umschulungskräfte mitteilen. Dazu Waggonbau Gotha: „Es ist uns klar, daß wir auch einen Teil unserer Fach- und Vorarbeiter an den Umschulungsmaßnahmen mit einbeziehen müssen. Dies ergibt naturgemäß

---

[26] Thüringisches Hauptstaatsarchiv Weimar, Gothaer Waggonfabrik, BI/44. Halbmonatsbericht vom 3. November 1942 an den Reichsminister der Luftfahrt.
[27] Thüringisches Hauptstaatsarchiv Weimar, Gothaer Waggonfabrik AG, BI/ 44, Technisches Sekretariat am 27. Juli 1942 an das Arbeitsamt Gotha, Bericht auf Grundlage der Anordnung Nr. 6.

Schwierigkeiten, da uns diese Leute in der Fertigung fehlen. Außer der Umschulung am Tage wird auch ein Teil der Nachtstunden hinzugezogen werden müssen. Eine Namensliste erhalten Sie, wenn die Umschulungsaktion angelaufen ist. Als Betreuer als Umschulungskräfte nennen wir Ihnen den Leiter der Hauptarbeitsvorbereitung beider Betriebe des Fahrzeug- und Flugzeugbaus."

Während die Waggonfabrik jedoch über das Flugzeugprogramm Kräfte erhalten sollte, betrieb das Landesarbeitsamt Mitteldeutschland in Erfurt ganz unabhängig davon den Abzug von 200 Facharbeitern bei Waggonbau Gotha. Dies begann am 12. Mai 1942. Das Beispiel zeigt, wie hier zwei diametral entgegen gesetzte Maßnahmen unabhängig voneinander unter Beteiligung desselben Landesarbeitsamtes gesteuert wurden. „In der letzten Sitzung der Prüfungskommission unter Vorsitz des Generalmajors H. von der Rüstungsinspektion IX Kassel, an der je ein Vertreter des Wehrkreisbeauftragten und des Landeswirtschaftsamtes Weimar teilgenommen haben, wurde einstimmig beschlossen, den Abzug der oben genannten Facharbeiter nunmehr schnellstens durchzuführen." Hintergrund war eine Anforderung des Bergwerks Lützkendorf der Wintershall AG: „Ich habe inzwischen veranlaßt, daß ihnen in Kürze russische zivile Arbeiter zugewiesen werden und zwar in Trupps von je 40 bis 50 Arbeitskräften. Der Abzug der von Ihnen zur Verfügung zu stellenden Facharbeiter muß mit Rücksicht auf vordringlichste Fertigungsaufgaben kurzfristig erfolgen. Es kann Ihnen vielmehr nur eine Anlernzeit von 14 Tagen gewährt werden. Das Arbeitsamt Gotha ist entsprechend angewiesen, 14 Tage nach Eintreffen der zivilen Russen den Abzug vorzunehmen."[28] Waggonbau Gotha konnte letztendlich nur erreichen, dass die 200 Facharbeiter nicht aus dem Flugzeugbauprogramm der Me 110 sondern aus dem Waggon- und Fahrzeugbau abgegeben werden konnten. Im Juni zog das lokale Arbeitsamt 84 weitere Facharbeiter für das Reichsbahnausbesserungswerk in Gotha ab. Die Anordnung des Landesarbeitsamtes scheint besonders vor dem Hintergrund der ehrgeizig

---

[28]   Thüringisches Hauptstaatsarchiv Weimar, Gothaer Waggonfabrik, Nr. BI/44, Landesarbeitsamt Mitteldeutschland an Gothaer Waggonfabrik am 12. Mai 1942.

geförderten Anlern-Maßnahmen des Luftfahrtministeriums kontraproduktiv. Denn die Facharbeiter fehlten nicht nur als Arbeitskraft sondern auch für das Anlernen der Ausländer. Es mangelte sowohl an Kommunikation zwischen Landesarbeitsamt, Luftfahrtministerium und Prüfungskommission sowie auch an einem langfristigen planmäßigen Vorgehen. So war es Waggonbau Gotha im Juni 1942 nicht ersichtlich, auf wessen Entscheidung der Abzug von 84 weiteren Facharbeitern zurückgegangen war.[29] Der Betrieb hatte in dieser Phase überhaupt keinen Einfluss auf die Auswahl und den Einsatz von Kräften. Doch sollte noch ein volles Jahr vergehen, bis der Generalbevollmächtigte für den Arbeitseinsatz und der Minister für Bewaffnung und Munition die Fehlerquellen in den Arbeitsämtern direkt benennen sollten.

---

[29] Thüringisches Hauptstaatsarchiv Weimar, Gothaer Waggonfabrik AG. BI/44, Telegramm vom 25. Juni 1942 an den Hauptausschuss Schienenfahrzeuge im Reichsministerium für Bewaffnung und Munition.

2.2. Anlernen in den Bergwerken der Preussag

„Vorläufige Richtlinien für Einsatz und Anlernung von ausländischen Arbeitskräften und Kriegsgefangenen", nennt sich ein Maßnahmenbündel, das von der Preußischen Bergwerks- und Hütten Aktiengesellschaft Berlin über „Bewährung und Verwendung, Auslese und Anlernung" am 7. Oktober 1942 an alle Preussag-Werke in Steinkohle, Kali- und Steinsalz und Erz herausgegeben wurde.[30] Die Richtlinien beruhten auf Basis einer zuvor bei allen Mitgliedswerken eingeholten Befragung über deren Praxis zur „Anlernung der Ausländer und Kriegsgefangenen". Im Oktober hatte bereits die Bergabteilung des Reichswirtschaftsministeriums gegenüber der Preussag-Hauptverwaltung geklagt, dass der Unterweisung „viel zu wenig Beachtung geschenkt wird". Die Werke beschäftigten französische, belgische, britische, polnische und sowjetische Kriegsgefangene. Unter dem Punkt „Bewährung und Verwendung" berichtete die Hauptverwaltung über Erfahrungswerte und die Verfahren in der Praxis. Dies zeigt zunächst, dass die einzelnen Werke bei den von ihnen ergriffenen Maßnahmen recht freies Spiel hatten. Der Bericht ist die erste Bestandsaufnahme über die Kriegsgefangenenarbeit in den eigenen Werken. Er beginnt mit einer Klassifizierung nach Nationalitätengruppen und Einschätzung ihrer Leistung. Es handelt sich hier um einen Bericht allein für den internen Gebrauch. Insgesamt zog man eine negative Bilanz der bisherigen Beschäftigung von Ausländern und Kriegsgefangenen, wobei Hilfsarbeiten im übertägigen Betrieb dominierten.

Das Anlernprogramm machte keine Unterschiede hinsichtlich Nationalität und des Status. Kriegsgefangene wurden wie Zivilarbeiter mit einbezogen. Der Zeitpunkt, zu dem das Papier verfasst wurde, lässt den Schluss zu, dass es vorrangig als Nachweis und Alibi gedacht war. Insbesondere Bergwerksbetriebe nahmen eine distanzierte Haltung dem Anlernen gegenüber ein.

---

[30] Landeshauptarchiv Sachsen-Anhalt, Rep I. Preußische Bergwerks- und Hütten AG Kaliwerk Staßfurt AI PST Nr. 1155, Bl. 102-106RS.

Bis Herbst 1942 arbeiteten die ausländischen Arbeitskräfte und Kriegsgefangenen in den Steinkohlen-, Kali- und Erzbergwerken der Preussag
sowohl im Tages- als auch im Grubenbetrieb; in der Steinkohle im Tagesbetrieb an den Betriebspunkten Leseband und Brikettfabrik als
Handwerker oder als Hilfskräfte deutscher Handwerker bei Transport-,
Erd- und Schipparbeiten. Im Grubenbetrieb waren sie in der Förderung
bei Versatzarbeiten und beim Holztransport, beim Umlegen der Rut-
schen, beim Umsetzen von Holzpfeilern und in der Kohlegewinnung eingesetzt; im Kali im Tagesbetrieb als Bedienungs- und Postenleute im
Mahlwerk, im Fabrikbetrieb oder als Hilfskräfte in den Werkstätten bei
Hof-, Platz- und Transportarbeiten. Im Grubenbetrieb waren sie auch in
der Förderung: ,,Die besten werden nach dreimonatiger Anlernzeit als
Schrapperfahrer, Schrapperbauer, Abzieher an den Rolllöchern oder
Seilbahnbedienung eingesetzt." Im Erz waren Kriegsgefangene im Tagesbetrieb bei Erd,- Transport- und Aufräumarbeiten und im Grubenbetrieb in der Förderung tätig. Das Anlernprogramm sollte die Qualität der
Arbeit erhöhen: ,,Ausschlaggebend ist, dass Ausländer und Kriegsgefangene an produktiver Stelle des Betriebs gute Leistungen erreichen."

Neben einer Erhebungsphase persönlicher Daten vor Antritt der Tätigkeit, mit der der bisherige Beruf, besondere Fähigkeit und Kenntnisse,
besondere Neigungen, Wünsche und die frühere Betätigung in der Freizeit abgefragt wurde, sollte eine Eignungsprüfung ergeben, ob ein
Kriegsgefangener für bergmännische Arbeiten oder für Arbeiten in Werk-
stätten- und Fabrikarbeiten und für sonstige Hilfsarbeiten geeignet erschien. Für bergmännische Arbeiten kamen diejenigen in Frage, die bereits im Bergbau beschäftigt waren oder andere körperlich anstrengende
Tätigkeiten ausgeführt hatten.

,,Die Anlernung" erfolgte im Lehrstollen, Lehrrevier oder Lehrort. Das
Ausbildungsprogramm umfasste hier Förderarbeiten, den Umgang mit
Förderwagen, das An- und Abknebeln, das Eingleisen, Aufschieben und
Abnehmen, das Umsetzen der Wagen, das Füllen und Entleeren, das
Laden an der Ladestelle, das Abziehen des Salzes am Rolloch, der

Holz- und Materialtransport. Angelernt werden sollten desweiteren handwerkliche Grubenarbeiten, wie Schienenlegen, Einbauen und Verlegen von Rohrleitungen und Lutten, das Zurichten und Einbringen des Streckenausbaues.

Das Anlernen sollte in Gruppen von fünf bis sechs Mann unter Anleitung eines Meisterhauers sowie eines „zuverlässigen" Grubenhandwerkers erfolgen. Die Anlernzeit betrug mindestens drei Wochen. Nach Abschluss wurde durch den Ausbildungleiter eine Arbeitsprobe abgenommen. Dann wurde der Kriegsgefangene an den Arbeitsplatz im Grubenbetrieb zugewiesen und zwar entweder für die Förderung oder als Hilfskraft für die Grubenhandwerker.

Ein ständiger Wechsel der Arbeitsplätze unter Tage war nicht erwünscht. In den nächsten drei Wochen sollte der Kriegsgefangene daraufhin kontrolliert werden, ob er auch für bergmännische Gewinnungsarbeiten geeignet sei. Es konnte dann eine weitere Anlern-Stufe für Gewinnungsarbeiten erfolgen. Der vierwöchige Lehrgang im Lehrrevier oder Lehrort umfasste alle vorkommenden Arbeiten. Im Abbau oder in Strecken, ausgenommen Schießarbeiten wurden Gewinnungsarbeiten, Einbringen von Ausbau und Versatz, Verlegen der gebräuchlichsten Strebfördermittel und der Streckenvertrieb angelernt.

Die Anlernzeit im Grubenbetrieb umfasste zweimal wöchentlich eine jeweils einstündige Schulung durch den Ausbildungssteiger mit Hilfe eines geeigneten Dolmetschers über: Gewinnung und Versatz, Ausbau, Gezähe und Maschinen, Bergpolizeiliche Vorschriften, Unfallverhütung.

„Der Ausbildungsleiter oder Ausbildungssteiger kümmert sich laufend um die ausländischen Arbeitskräfte und verfolgt den Gang und Fortschritt der Anlernung in der Grube. Nach Ablauf dieser Zeit ist wiederum eine Arbeitsprobe abzunehmen, bei gutem Können wird der Ausländer dem Betrieb zur Verwendung in der Gewinnung übergeben. Ist die Arbeitsleistung unbefriedigend, so entscheidet der Ausbildungsleiter, welche Arbeitsverrichtungen unter Tage in Frage kommen. Der Grubenbetriebsführer bestimmt, an welcher Arbeitsstelle der Angelernte eingesetzt wird. Alle ausländischen Arbeitskräfte und Kriegsgefangenen wurden im Tagebetrieb den Werkstätten, dem Leseband, der Wäscherei, der Fabrik, dem Mahlwerk sowie Aufräumungs- und Nebenarbeiten zugewiesen.

Das Anlernen an diesen Arbeitsstätten sollten Vorarbeiter oder Handwerker übernehmen. Die Anlernzeit war abhängig von der Art der Arbeit. Auch im Tagebetrieb war häufiger Personalwechsel unter den Ausländern unerwünscht. Auch der innerbetriebliche Wechsel der Arbeitsstellen wurde als Störung eingestuft. „Es muss angestrebt werden, dass durch gründliche Einweisung und längere Beschäftigung am gleichen Arbeitsplatz eine gute Leistung erzielt wird." Im Laufe der ersten beiden Beschäftigungswochen im Tagesbetrieb wurde festgestellt, welche ausländischen Arbeitskräfte für den Grubenbetrieb in Frage kommen. „Die zuverlässigen und tüchtigen Arbeiter sind auszusuchen und in das Lehrrevier oder in den Lehrstellen zur Anlernung zu versetzen."

Ein Dolmetscher sollte nach Maßgabe der Preussag bei der Einstellung von Ausländern mithelfen, die erste Unterweisung von Ausländern und Kriegsgefangenen vor der Arbeitsaufnahme durchführen, Betriebsbesprechungen mit Ausländern nach Arbeitsaufnahme ausführen, bei „der Anlernung" von Ausländern und Kriegsgefangenen im Lehrrevier vor Ort zur Seite stehen.[31]

Bis das Programm in den Preussag-Werken jedoch Wirkung zeigte, war die Kolonnenarbeit für sowjetische Kriegsgefangene allgemein aufgehoben worden. Der Preußische Bergrevierbeamte für Magdeburg teilte am 9. März 1943 den Bergwerken mit, dass in den Gruben ein sowjetischer kriegsgefangener Facharbeiter jetzt gemeinsam mit einem deutschen Facharbeiter allein arbeiten kann. Doch längst nicht jeder Betrieb machte davon Gebrauch. Das Kaliwerk Staßfurt etwa hatte seit November 1941 20 sowjetische Kriegsgefangene ausschließlich bei Erd-, Schipp und Transportarbeiten über Tage beschäftigt. Solange ein ausreichendes Kontingent an älteren deutschen Bergmännern und auch an Westeuropäern vorhanden war, ließ das Werk die Sowjets nicht untertage arbei-

---

[31]   LHSA, Rep. I Preußische Bergwerks- und Hütten AG Kaliwerk Staßfurt Nr. 1155 Bl. 102-106R.

ten. Und auch nach Bekanntgabe des Anlernprogramms wurden sowjetische Kriegsgefangene zunächst nicht zu verantwortungsvollen Arbeiten herangezogen. Seit dem 18. Dezember 1944 arbeiteten im Kaliwerk Staßfurt auf der Schachtanlage Berlepsch-Maybach 29 sowjetische Kriegsgefangene, die zuvor bei der Zuckerfabrik Gertebog beschäftigt waren.[32] Die Kriegsgefangenen arbeiteten in zwei Schichten unter Tage. Doch auch jetzt überwog der Anteil der Unqualifizierten. Zwei Schlosser, ein Schweißer und 13 ungelernte Arbeiter befuhren die Frühschicht von 6-15 Uhr. Auf der Schachtanlage trafen sie morgens um 3/4 6 Uhr ein. In der Mittagschicht arbeiteten 12 Ungelernte von 15-24 Uhr. Beiden Schichten war ein Wachmann zugeteilt.

So sind zumindest in diesem Werk die Umstände nicht unbedingt in Deckung zu bringen mit dem Anlernprogramm der Hauptverwaltung von Herbst 1942. Sicherlich diente dies zunächst als Absicherung gegenüber der Bergabteilung im Wirtschaftsministerium sowie gegenüber den Arbeitsämtern in den Bezirken der jeweiligen Werke.

---

[32] LHSA, Rep. I Preußische Bergwerks- und Hütten AG Kaliwerk Staßfurt AI PST Nr. 1182, Blatt 104, 107, 108.

2.3. Anlernen im Kalibergwerk Bernburg der Solvayhall

Auch andere Bergwerksgesellschaften wie das Kalibergwerk in Bernburg der Gesellschaft Solvayhall[33] gingen im Herbst 1942 zum Anlernen über, jedoch in einem überschaubaren Rahmen. Im März 1942 arbeiteten hier 69 sowjetische Kriegsgefangene[34] im Kalibetrieb, im Nebenbetrieb und im Steinsalzbetrieb. [35] Am 18. Mai 1942 beantragte das Werk darüber hinaus beim Arbeitsamt Bernburg für die Schachtanlage Solvayhall 35 zivile Russen, von denen zwölf Mann unter Tage Förder- und Unterhaltungsarbeiten ausführen sollten. Im Fabrikbetrieb waren 16 Mann als Chemie-Hilfswerker eingeplant, für den Werkstattbetrieb ein Schlosser und ein Schmied. Das Werk betonte, dass man diese Männer bis Kriegsende behalten wollte.[36] Der ,,Bericht über Belegschaftswechsel" von Oktober 1942 erhebt erstmals die Zahl der Facharbeiter unter den Kriegsgefangenen sowie die Zahl der angelernten Arbeiter. Bei Solvayhall arbeiten zu diesem Zeitpunkt 70 sowjetische Kriegsgefangene. Unter Tage waren 28 Angelernte zum Einsatz gekommen, über Tage 10 Angelernte. Vier Facharbeiter waren über Tage beschäftigt. Untertage arbeiteten insgesamt 50, über Tage insgesamt 20. Unter den osteuropäischen Zivilarbeitern, insgesamt 23, war niemand angelernt.[37] Der ,,Bericht über Belegschaftswechsel vom Januar 1943" erfasste erstmals die Zahl der ausländischen Metallfacharbeiter. Unter den 78 sowjeti-

---

[33] Landeshauptarchiv Sachsen-Anhalt, Rep. I Kaliwerk Bernburg Al SOW Nr. 92, Bl. 152.

[34] Landeshauptarchiv Sachsen-Anhalt, Rep. I Deutsche Solvaywerke, Abt. Kaliwerke AG Bernburg-Solvayhall Al SOW Nr. 92, Bl. 115.

[35] Landeshauptarchiv Sachsen-Anhalt, Rep. I Deutsche Solvaywerke Abt. Kaliwerke AG Bernburg-Solvayhall Al SOW Nr. 93, Bl. 137.

[36] Landesarchiv Sachsen-Anhalt, Rep. I. Deutsche Solvaywerke AG Bernburg-Solvayhall. Al SOW. Nr. 93. Blatt 63.

[37] Landeshauptarchiv Sachsen-Anhalt, Rep I. Deutsche Solvaywerke, Abt. Kaliwerke AG Bernburg-Solvayhall, Al SOW Nr. 97, Bl. 164.

schen Kriegsgefangenen waren dies nur fünf. [38] Im November 1943 wird die Zahl der Facharbeiter mit sechs angegeben. [39]

Das Bergamt Halle informierte am 07. April 1943 nach Weisung des Oberbergamtes die Werke im Bezirk über die Umschulung bergfremder Arbeitskräfte und die Aufgabenbereiche der Ausbildungsleiter: „Im Anschluss an unsere Verfügung vom 25. März 1943 weisen wir darauf hin, daß nachdem die Aufgaben der Ausbildungsleiter erweitert sind und unter anderem auch die Umschulung bergfremder Arbeitskräfte und die Anlernung ausländischer Arbeiter und der Kriegsgefangenen umfasst, fast auf allen Werken Ausbildungsleiter zu bestellen sein werden, die der bergbehördlichen Bestätigung bedürfen."[40]

Auf Solvayhall blieb der Anteil der Ausländer und Kriegsgefangenen weiterhin gering. Im Juli 1944 standen 729 deutschen Arbeitern und 80 Angestellten 120 zivile Ausländer und 74 Kriegsgefangene gegenüber. Unter Tage arbeiteten 308 Mann, 569 über Tage. Unter Tage kamen 55 technische Angestellte hinzu, darunter auch Lehrlinge. Das Bergwerk Solvayhall zählte insgesamt 379 Facharbeiter und 302 Angelernte. 67 Ausländer, inklusive Kriegsgefangene waren im Juni 1944 unter Tage tätig, 33 über Tage.

Rasch jedoch wechselten die Belegschaftszahlen. Im August 1944 standen 367 Leute unter Tage 594 Personen über Tage gegenüber. Die Zahl der Facharbeiter wurde jetzt mit 402 gegenüber 303 Angelernten angegeben. Ausländer arbeiteten jetzt 106 unter Tage und 63 im übertägigen Betrieb. Der Zuwachs ergab sich durch 59 Ausländer und 30 Dienstverpflichtete. Seit Kriegsbeginn hatte das Bergwerk 160 Deutsche an die Wehrmacht abgegeben. Schon im März 1942 hatte das Durchschnittsal-

---

[38]   Landeshauptarchiv Sachsen-Anhalt, Rep I. AI SOW Deutsche Solvaywerke Abt. Kaliwerke AG Bernburg-Solvayhall, AI SOW Nr. 95, Bl. 114.

[39]   Bl. 219.

[40]   Landeshauptarchiv Sachsen-Anhalt, Rep. I Kaliarchiv AI SOW Deutsche Solvaywerke AG Kaliwerke Bernburg-Solvayhall Nr. 270, I. 198.

ter in den Werken der Deutschen Solvaywerke im Untertagebetrieb 43 Jahre betragen. „In Zukunft muß man eine Nachwuchsplanung betreiben", hieß es im Protokoll der Besprechung aller Werksleiter der Deutschen Solvaywerke (DSW) vom 4. März 1942 in Berlin. Die DSW setzte zu diesem Zeitpunkt jedoch nicht auf die Schulung von Ausländern sondern konzentrierte sich auf die Lehrlingsausbildung. 1300 Mann der Gesamtgefolgschaft von 9700 Personen waren zur Wehrmacht einberufen.

Doch erst gegen Ende des Jahres 1944 kamen sowjetische Kriegsgefangene auch bei Solvay verstärkt zur Arbeit nach unter Tage. Im Dezember 1944 arbeiteten auch auf den Schächten Plömnitze I und II 45 sowjetische Kriegsgefangene. Nach einer Meldung vom 11. April 1945 an das Bergamt Magdeburg war die Zahl auf 93 gestiegen, 54 unter Tage und 39 über Tage.[41]

Weit mehr Initiative als beim Anlernen von Ausländern entfalteten Bergbaubetriebe bei der Förderung des deutschen Nachwuchses. Ein neuer Weg, der sich wieder mehr an der Ausbildung der Friedenszeit orientierte war im Januar 1944 vom Reichsinstitut für Berufsausbildung in Handel und Gewerbe beschritten. Über das Ergebnis der Beratung des Fachausschusses Bergbau wurde die Wirtschaftsgruppe Bergbau am 24. Januar 1944 informiert. Herausgegeben wurden die Richtlinien für den Einsatz von Meisterhauern. Es ging hierbei um das Erwerben von Fähigkeiten zur Berufserziehung. Der Meisterhauer, der mindestens eine fünfjährige Berufserfahrung mitbringen musste, sollte Jugendliche und erwachsene Berufsanwärter eine bergmännische Grundausbildung in den Bereichen Aus- und Vorrichtung, Abbau, Grubenausbau, Wasserhaltung sowie Wetterführung vermitteln. Diese Befähigung konnte im Lehrgang für Meisterhauer erworben werden, deren Träger die Fach- und Bezirksgruppen der Wirtschaftsgruppe Bergbau in deren eigenen Berufserziehungsstätten waren. Ziel war es, die Qualität der Berufsausbildung zu

---

[41] Landeshauptarchiv Sachsen-Anhalt, Rep. I. Kaliarchiv AI SOW Deutsche Solvaywerke AK Kaliwerk Bernburg Solvayhall Nr. 270, Blatt 284.

steigern. Für die Prüfung der Meiterhauer waren eigene Kriterien erlassen.

Diese gezielte Abkehr vom Ausländereinsatz im Untertagebergbau war nicht neu. Die Deutschen Solvaywerke hatten ihre Zukunft schon im März 1942 in der Forcierung der Lehrlingsausbildung und nicht im Ausländereinsatz gesehen.

„Zur Frage des Nachwuchses sei darauf hingewiesen, daß die Zahl der für Ostern 1942 angeforderten Lehrlinge viel zu niedrig ist. Man muß eine Vielzahl von Lehrlingen gegenüber dem späteren Bedarf einstellen, da ein großer Teil der Jungen nach der Lehre zur Wehrmacht oder auch in andere Betriebe abwandern." Das Aufstellen eines Nachwuchsplanes sei deshalb notwendig.

2.4. Anlernen im Braunkohlenbergwerk der Bruderzeche Solf AG

Auf dem Braunkohlenbergwerk der Bruderzeche Solf AG bestand seit dem 4. Oktober 1943 ein Arbeitskommando von sowjetischen Kriegsgefangen. Zunächst kamen zehn sowjetische Kriegsgefangene und seit März 1944 20 weitere sowjetische und zehn französische Kriegsgefangene durch Vermittlung des Gauarbeitsamtes Erfurt nach Kribitzsch.[42]

Trotz des vergleichsweise geringen Anteils von Kriegsgefangenen an der Gesamtbelegschaft sollten die ausländischen Arbeitskräfte nach einer bergmännischen Ausbildung bisherige Belegschaftsmitglieder ersetzen können. Das Unternehmen ging von einem vergleichsweise langen Ausbildungszeitraum aus und orientierte sich dabei an der zivilen Berufsausbildung. Der Bericht darüber soll den guten Willen des Werkes in der Anlernfrage belegen. Gleichwohl werden dabei zahlreiche Argumente genannt, die einer zügigen Beschäftigung von Ausländern unter Tage entgegenstehen. Es handelt sich um eine der wenigen ausführlichen Stellungnahmen eines Werks zum Anlernen:

„In normalen Zeiten dauert die Ausbildung eines Bergmannes eineinhalb bis zwei Jahre. Es ist also ein ebenso erlernter Beruf wie der eines jeden anderen Handwerkers wie Bäcker, Schneider usw. Dabei ist zu berücksichtigen, daß die Gefahrenmomente viel größer sind als in jedem anderen Beruf. Die Bewertung der Kriegsgefangenen als Bergleute setzt also eine ebenso lange Ausbildungszeit voraus. Zu berücksichtigen ist hierbei noch, daß die Kontrolle und Beaufsichtigung über Tage selbst an der Maschine sich leichter durchführen läßt als in der Grube. Untertage sind die Arbeitspunkte ungefähr 30 Meter voneinander entfernt. Meistens sind 2 Mann, ein Deutscher und ein Gefangener an so einem Punkte beschäftigt. Der deutsche Arbeiter hat neben seinen üblichen Pflichten den Gefangenen noch anzulernen. Diese Ausbildung erstreckt sich auf Handhabung der Gezähestücke (Spitzhacke, Schaufel, Handaxt, Säge), Beobachtung des Gebirges (Loslösung von Kohlenscheiben und Brechen des Ausbaues usw.) und Ausbau. Der Ausbau ist ein Teil der bergmännischen Arbeit, der besondere Ausbildung und Eignung erfordert, da Leben und Gesundheit davon abhängt. Neben der Ausbildungszeit ist bei den Gefangenen die Eignung und Arbeitslust zu berücksichtigen. Ein Teil der Gefangenen hat das 40. Lebensjahr überschritten und wird sich deshalb nur langsam an die Grubenverhältnisse

---

[42] Sächsisches Staatsarchiv Leipzig, Bruderzeche Solf AG Kribitzsch, Nr. 15.

gewöhnen. Aus angeführten Gründen wird eine Leistungssteigerung bei den russischen Kriegsgefangenen erst in sechs Monaten zu erreichen sein. Die französischen Kriegsgefangenen sind ca. drei Jahre bei uns im Betriebe beschäftigt. Trotzdem ist es noch nicht möglich, französische Kriegsgefangene in der Kohlengewinnung ohne deutsche Arbeitskräfte einzusetzen. Allgemein besteht bei den Gefangenen eine Abneigung gegen Arbeit unter Tage, dies wird auch der Grund sein, weshalb die Leistungen eines deutschen Arbeiters nicht erreicht werden."[43]

Dieser sehr ins bergmännische Detail gehende Bericht scheint vordergründig dem Berufsethos sehr verpflichtet. Doch will die Bruderzeche wohl hier auch zum Ausdruck bringen, dass der Betrieb wegen der angeblich langen Ausbildungszeit weiterhin auf deutsche Bergleute nicht verzichten kann. Grundsätzlich wollte man die Abberufung von Betriebsangehörigen an die Front so lange wie möglich hinauszögern.

„Unter Tage sind die Arbeitspunkte ungefähr 30 Meter voneinander entfernt. Meistens sind zwei Mann, ein deutscher und ein Gefangener, an einem Punkt beschäftigt. Der deutsche Arbeiter hat neben seinen üblichen Pflichten den Gefangenen anzulernen. Diese Ausbildung erstreckt sich auf Handhabung der Gezähestücke, Spitzhacke, Schaufel, Handaxt, Säge, Beobachtung des Gebirges, Loslösen von Kohlenscheiben und Brechen des Abbaus. In normalen Zeiten dauert die Ausbildung zum Bergmann eineinhalb bis zwei Jahre. Neben der Ausbildungszeit ist bei den Gefangenen die Eignung und Arbeitslast zu berücksichtigen."

Der Betrieb streicht immer wieder die unzureichenden Ergebnisse heraus, um die Unverzichtbarkeit der Stammbelegschaft zu betonen:

„Ein Teil der Gefangenen hat das 40. Lebensjahr überschritten und wird sich nur langsam an die Grubenverhältnisse gewöhnen. Aus angeführten Gründen wird eine Leistungssteigerung bei den russischen Kriegsgefangenen erst in sechs Monaten zu erreichen sein. Die französischen Kriegsgefangenen sind ca. drei Jahre bei uns im Betrieb. Trotzdem ist es noch nicht möglich, französische Kriegsgefangene in der Kohlengewinnung ohne deutsche Arbeitskräfte einzusetzen. Allgemein besteht bei den Gefangenen eine Abneigung gegen Arbeit unter Tage."

Die Ziele der bergmännischen Ausbildung für Kriegsgefangene griffen jedoch ins Leere. Die Bruderzeche Solf meldete am 07. September 1944 an den Kontrolloffizier des Stammlagers IVF: „daß in der letzten Zeit

---

43 Sächsisches Staatsarchiv Leipzig, Solf AG Nr. 15, Bl.61.

nicht weniger als 50 Prozent von unseren Kriegsgefangenen abgekehrt sind, davon acht in die Landwirtschaft." In der Vermittlung von Kriegsgefangenen an Bergwerksbetriebe halfen deshalb die Bergämter mit, um eine Zuweisung zu beschleunigen. Das Bergamt Leipzig bestätigte am 13. September 44: „Auf ihr Schreiben vom 06. September 44 teilen wir ihnen mit, daß uns heute vom Arbeitsamt Altenburg die Zuweisung von 15 russischen Kriegsgefangenen zugesagt worden ist." So begann das Anlernen immer wieder aufs Neue. Auch hier wird der Vorwurf formuliert, dass die Arbeitsämter auf den Ausbildungsstand keine Rücksicht nehmen. Dass diese Vorgehensweise aber gerade Sinn und Zweck der Anlernfrage war, wurde dem Werk nicht bewusst.

Im Jahr 1944 nahmen Beschwerden der Werke gegenüber den Arbeitsämtern wegen des Abzuges angelernter Fachkräfte drastisch zu, auch dann, wenn es nur um einzelne Personen ging. Die Leipziger Braunkohlenwerke AG berichtete am 7. August 1944 an das Arbeitsamt Leipzig über ihre Umschulungsmaßnahmen für Elektroschweißer. Insgesamt arbeiteten hier 25 sowjetische Kriegsgefangene.[44]

„Gegen den Abzug der russischen Kriegsgefangenen Nr. 153104 und 167912 erheben wir Einspruch. Den S. haben wir in fünfmonatiger Umschulungszeit zum Elektroschweißer in unserer Werkstatt ausgebildet und den U. in dreimonatiger Umschulungszeit zum Hilfsbaggerführer. Auch gegen einen Abzug dieser für uns nunmehr als Facharbeiter geltenden Kriegsgefangenen würden wir Einspruch bei der Reichsvereinigung Kohle/ Reichswirtschaftsminister erheben. Wir weisen auch insbesondere darauf hin, daß wir mit unserem Brief vom 5. August 1944 unsere bisherige Kräfteanforderung auf zehn Facharbeiter und sieben Ungelernte in Zusammenhang mit unserer Arbeitszeit-Verlängerung gestrichen haben." [45]

Bergwerke waren in aller Regel Betriebe, die über Generationen eine Stammbelegschaft herangebildet hatten, deren Familien rund um diese Betriebe wohnten. Weit mehr als während der NS-Zeit neu gegründete Rüstungsschmieden verteidigten diese Werke ihre Angehörigen vor Einberufungen. Darüber hinaus hatte das Anlernen in Bergberufen aus Sicht

---

44   Sächsisches Staatsarchiv Leipzig, Leipziger Braunkohlenwerke AG Nr. 200.
45   Sächsisches Staatsarchiv Leipzig, Regiser BKW Nr. 187, Bl. 61.

des Regimes wohl längst nicht die Priorität wie das Anlernen auf Basis des achtwöchigen DAF-Lehrganges „Eisen erzieht". Dies zeigen etwa auch die kuriosen und kontraproduktiven Abberufungen im Bergbau angelernter Personen zum Ernteeinsatz in der Landwirtschaft.

Darüber hinaus hatten gerade die Bergwerksbetriebe umfangreiche Erfahrung mit der Beschäftigung von Kriegsgefangenen schon im Ersten Weltkrieg gesammelt. In einem Schreiben an den Königlichen Bergrevierbeamten für West-Halle berichteten die Burbach Kaliwerke Krügershall AG am 8. Dezember 1916, dass es nicht mehr möglich sei, die Instandsetzungsarbeiten der Maschinen- und Apparate durchzuführen. „Es befinden sich in unserer ganzen Schmiedewerkstätte nur noch Kriegsgefangene und bei den vielen und komplizierten Maschinen und den vielen Vorschriften, die zu beachten sind, ist es ausgeschlossen, daß die Reparaturarbeiten ohne deutsche Hilfskräfte sachgemäß erledigt werden können". Für das Anlernen standen kaum noch deutsche Fachkräfte zur Verfügung: „In dieser Betriebsabteilung befinden sich in der Hauptsache Kriegsgefangene, so daß hier eine Anweisung dieser durch einen deutschen Arbeiter nötig ist."[46] Das Bergwerk beantragte deshalb die Freistellung von drei deutschen Mitarbeitern vom Kriegsdienst. Das Werk beschäftigte seit November 1915 unter Tage 20 Russen sowie 35 Franzosen, über Tage 17 Russen und 25 Franzosen. Es folgten bis 1917 Engländer, Belgier und Italiener. Seit 1915 waren kriegswichtigen Betrieben Facharbeiter unter den Kriegsgefangenen zugewiesen worden, mitunter auch ungelernte, die zum Anlernen geeignet erschienen. Die Anträge der Berg- und Hüttenwerke auf Überlassung von Kriegsgefangenen hatten im Herbst 1915 stark zugenommen. Auswahlkommissionen mit Vertretern der Steinkohlenwerke, einem Knappschaftsarzt und Vertretern der Bergbehörde hatten in Sachsen die für den Bergbau geeigneten Kräfte ausgesucht.[47] Am 23. Juni 1915 berichtete das Bergwerk Sol-

---

[46]   Landeshauptarchiv Sachsen Anhalt - Landesarchiv Magdeburg, Rep. I Burbach Kaliwerk Krügershall AG AI KR Nr. 47, Blatt 409-410 sowie Blatt 569.

[47]   Wilhelm Doegen, Kriegsgefangene Völker - Der Kriegsgefangenen Haltung und Schicksal in Deutschland, Berlin 1921, S. 17.

vayhall, dass die bei ihnen beschäftigten 65 russischen Kriegsgefangenen bei zufrieden stellender Leistung neben dem Lohn von 3,20 Mark in der Schicht eine „besondere Vergütung" als Leistungsanreiz erhielten.[48] Der Bergrevierbeamte von Halle unterstützte den weitgehenden Abzug deutscher Wehrfähiger:

> „Die Forderung, möglichst alle kriegsverwendungsfähigen Deutschen für die Landesverteidigung verfügbar zu machen, wird immer dringender. Die Industrie wird daher damit rechnen müssen, daß die ihr noch belassenen Arbeiter allmählich eingezogen werden, so daß es notwendig wird, einen Ersatz durch ausländische Arbeiter zu schaffen."

Krügershall führte 1943 gegenüber Bergamt und Arbeitsamt erneut massive Klage gegen den Abzug deutscher Kräfte:

> „Wir haben nachgewiesen, daß der Anteil an ausländischen Arbeitskräften in unserem Grubenbetriebe über 54 Prozent (176 von 323 Personen unter Tage) liegt gegenüber 25 Prozent, wie in dem Schreiben des Herrn Reichswirtschaftsministers als Richtlinie angegeben."[49]

Das Anlernen war somit in beiden Weltkriegen eine Forderung, die vom Kaliwerk Krügershall, wie von vielen anderen Betrieben und Werken auch, nicht als Gewinn sondern vielmehr als Bedrohung empfunden wurde. Doch ließ sich unter dem Hinweis auf den hohen Ausländeranteil in beiden Weltkriegen erwirken, wenigstens die für das Anlernen der Ausländer im Betrieb erforderlichen Deutschen vor Einberufung zu schützen.

Somit stellt das Anlernen weniger einen Indikator für die Hierarchisierung der Nationalitätengruppen und weniger einen Nachweis für die Ökonomisierung des Ausländereinsatzes dar, als vielmehr einen Beleg für die Stimmungslage des jeweiligen Betriebs und seiner Haltung dem Regime gegenüber.

---

[48] Landeshauptarchiv Sachen –Anhalt – Landesarchiv Magdeburg, Rep. I Deutsche Solvaywerke, Abt. Kaliwerke AG Bernburg / Solvayhall AI SOW Nr. 385, Blatt 53

[49] Landeshauptarchiv Sachsen-Anhalt - Landesarchiv Magdeburg, Rep. I Burbach Kaliwerk Krügershall AG AI, KR Nr. 61, Blatt 191-192.

2.5. Fehler der Arbeitsämter bei der Zuweisung von Arbeitskräften

Rückblickend sollte sich nun das Jahr 1942 in der Anlernfrage als vergeudetes Jahr erweisen. Zwar war das ,,Anlernen" in vielen Betrieben erfolgreich angelaufen oder ausgebaut worden, doch zu viele Werke schenkten dem Thema hartnäckig keine Beachtung.

Der so genannte ,,Sonderdienst für arbeitseinsatzmäßige Feststellungen" hatte im Frühjahr 1943 das Zusammenwirken der Arbeitsämter mit den Prüfungsausschüssen untersucht und legte zur Jahresmitte ein ernüchterndes Ergebnis vor. Eine vorschriftsmäßige Auswertung der Wirtschaftsstatistik fand weitgehend nicht statt, die Betriebe ignorierten großenteils die Pflicht, Anträge schriftlich zu stellen, kommunizierten hartnäckig telefonisch und behielten somit viel zu großen Einfluss auf die lokalen Arbeitsämter.

In nahezu allen Betrieben blieb es jedoch üblich, für jeden eingezogenen deutschen Mann beim Arbeitsamt einen gleichwertig ausgebildeten Ersatz anzufordern. Dies sollten die Arbeitsämter schon während des Jahres 1942 nach Möglichkeit unterbinden. Pauschale Kräfteanforderungen, wie die der Deutschen Stahlwerke AG Riesa vom 31. Januar 1943 hätte das zuständige Arbeitsamt Riesa zu jenem Zeitpunkt schon zurückweisen müssen. Als ,,Sofortbedarf" orderte das Stahlwerk 47 Facharbeiter an, sowie für angekündigte Einziehungen des kommenden Quartals weitere 70 Facharbeiter und darüber hinaus langfristig 300 fremdländische Arbeitskräfte ,,als Ersatz für noch bevorstehende Einziehungen." Diese ausgeprägte Tendenz der Betriebe zur langfristigen Bevorratung ganzer Verbände von Arbeitskräften stand den Anordnungen des Generalbevollmächtigten für den Arbeitseinsatz diametral entgegen. Sie sollten ihren Ersatzbedarf durch Qualifizierung ihrer verbliebenen Kräfte decken.

Man versuchte nun, mit einer präziseren Statistik den Arbeitsämtern mehr Überblick über das Volumen des Anlernens in Betrieben für alle denkbaren Arbeitskräftegruppen zu verschaffen. Werke mussten nun in einem raschen Takt regelmäßig Nachweise über das Anlernen an die Arbeitsämter melden. Mit Verordnung vom 13. Februar 1943 und Verfügung des statistischen Zentralausschusses vom 29. April 1943 hatten die Arbeitsämter noch in der ersten Jahreshälfte 1943 begonnen, statistische Bögen „über die Gewinnung von Metallarbeitern durch Umschulung und Anlernung" zu versenden. Diese Daten wurden zunächst monatlich erhoben, von August 1944 an sogar alle zehn Tage. Die Betriebe sollten hier angeben, wie viele Frauen und Männer, Inländer, Ostarbeiter, zivile Ausländer und Kriegsgefangene in innerbetrieblichen wie außerbetrieblichen Umschulungs- und Anlernmaßnahmen sich befanden oder diese gerade abgeschlossen hatten. Weil Metallfacharbeiter auch im Bergbau und anderen Branchen ausgebildet wurden, wurden diese Bögen nicht nur von der Metallindustrie eingefordert.[50] Schon mit Rundschreiben vom 5. Januar 1944 hatten Betriebe dreimal monatlich - alle zehn Tage - sämtliche innerbetrieblichen Umsetzungen von geringeren auf „höherwertige Arbeitsplätze" dem Arbeitsamt melden müssen.

Zum Jahresende 1942 war das Aufgabenspektrum, das Speer und Sauckel den Arbeitsämtern vorgelegt hatten, noch komplexer ausgestaltet, so dass diese es noch weniger in deren Sinne anzuwenden wussten als im Jahr zuvor. Die Kommunikation zwischen Prüfungsausschüssen, Arbeitsamt und Betrieben funktionierte nicht, aus der Wirtschaftsstatistik wurden in den Ämtern nicht die richtigen Schlüsse gezogen. Der Beauftragte für den Vierjahresplan und der Generalbevollmächtigte für den Arbeitseinsatz warfen am 30. Juli 1943 den Präsidenten aller Landesarbeitsämter eine Fülle von Fehlern ihrer Mitarbeiter im täglichen Geschäft vor. Der so genannte „Sonderdienst für Arbeitseinsatzmäßige Feststellungen" hatte im ersten Halbjahr 1943 auch das Zusammenwirken von Betrieben und Arbeitsämtern überprüft.[51] Das Schreiben legt den Eindruck nahe,

---

[50] Sächsisches Hauptstaatsarchiv Dresden, Mitteldeutsche Stahlwerke AG Riesa, Nr. 15.13. Wirtschaftsstatistik, Meldungen an das Arbeitsamt Riesa.

[51] Durchführung des Arbeitseinsatzes für die Rüstungswirtschaft, Örtliche Feststellungen des Sonderdienstes, An die Präsidenten der Landesarbeitsämter vom 30.

dass die Mitarbeiter mit der Fülle der Aufgaben, Anordnungen und Erlasse überfordert waren, die Anträge im Sinne der Betriebe schnell abarbeiteten, die Vordringlichkeit des Rüstungsbedarfs aber sekundär behandelten. So wurde ein großer Teil der Bedarfsanforderungen der Betriebe nur mündlich oder telefonisch entgegengenommen und bearbeitet. Mit Erlass vom 20. Januar 1942 galt jedoch die Auflage an die Arbeitsämter, dass diese für jede Bedarfsanforderung der Betriebe eine schriftliche Begründung einzufordern hatten. Mitarbeiter des Arbeitsamtes hatten zusätzlichen Kräftebedarf ohne Nachprüfung gebilligt oder sogar ohne eine Anforderung des Betriebes gedeckt. Besondere Probleme aber machte den Ämtern vor Ort die Prüfung der Echtheit und Vordringlichkeit des Rüstungsbedarfs. Neben mangelhaften Begründungen durch die Betriebe selbst hatten die Bearbeiter kaum Möglichkeiten die Bedarfsprüfungen vorzunehmen. So kam es, dass gerade ausländische Arbeitskräfte in nachrangige, weniger rüstungsrelevante Produktionen vermittelt wurden. Dienstverpflichtete Frauen waren in großem Umfang auf eigenen Wunsch in sekundäre Branchen vermittelt worden, ohne dass diese Betriebe überhaupt Arbeitskräfte angefordert hatten. Es fehlte den Arbeitsämtern vorrangig an Unterstützung:

Der „Sonderdienst für arbeitsansatzmäßige Feststellungen" beklagte darüber hinaus, dass die Anforderungen an Facharbeitern von den Arbeitsämtern zumeist in vollem Umfange genehmigt würden. Stattdessen wären die Ämter verpflichtet gewesen, die Unternehmen zu innerbetrieblichen Ausgleichsmaßnahmen zu drängen. Zu diesen zählte das Anlernen, der Einsatz Ungelernter für qualifizierte Arbeiten sowie die Beschäftigung von Frauen. Bevor der Betrieb diese Maßnahmen nicht nachgewiesen hatte, hätte das zuständige Arbeitsamt überhaupt keine Facharbeiter zuweisen dürfen. Doch diese Vorgehensweise fand in aller Regel nicht statt.

Zieht man zahlreiche Telefonnotizen hinzu, die in Betriebsakten erhalten sind, so ergibt sich für die Jahresmitte 1943 eine Praxis, die dem Kontroll-

---

Juli 1943. Hauptstaatsarchiv Weimar, Landesarbeitsamt Mitteldeutschland, Nr. 16.

apparat zur Arbeitseinsatzlenkung von Speer und Sauckel diametral entgegensteht. Derjenige Betrieb setzte sich beim Wettbewerb um Fachkräfte durch, der am hartnäckigsten die Telefonleitung des Arbeitsamts besetzte. Die Arbeitsämter kapitulierten auch vor der Fülle der Anträge und ignorierten die Vorschriften. Betriebe nutzten diese Situation für Verschleppungstaktiken in der Anlernfrage oder nutzten das Vakuum, um ohne Absprache mit dem Arbeitsamt ihre eigenen Programme mit dem Anlernen von Ausländern durchzuziehen.

2.6. Anlernen bei den Buna-Werken Schkopau

Bei den „Umschulungen", „Ausbildungen" oder „Anlernungen" wurde von den Unternehmen zwischen Zivilarbeitern und kriegsgefangenen Arbeitskräften oft kein Unterschied gemacht. Dem „berufsrichtigen Einsatz" maßen die Buna Werke schon im Mai 1941 große Bedeutung bei, da „gerade die Deckung unseres Bedarfs an Elektrikern und Mechanikern außerordentliche Schwierigkeiten bereitet". In einer betriebsinternen Mitteilung wird kritisiert, dass 19 französische Mechaniker, Elektriker und Klempner bei Baufirmen auf dem Buna-Gelände und nicht besser in der technischen Abteilung beschäftigt seien.

Die Buna Werke Schkopau ließen im Zeitraum von Februar bis April 1943 18 Sowjets als Elektroschweißer und Autogenschweißer ausbilden. Die Prüfungskriterien orientierten sich an den Aufnahme- und Abschlussprüfungen nach den allgemeinen Ausbildungsbestimmungen für diese Berufe. Die Ausbildung dauerte für die zehn Elektroschweißer 12 Wochen, für die acht Autogenschweißer 13 bis 14 Wochen. Die Noten der Aufnahmeprüfung bewegten sich bei den Elektroschweißern zwischen ausreichend bis ungenügend. Die Autogenschweißer wurden für die jeweils drei geprüften Kategorien V-Nähte, Rohrnähte und Rohrstutzen mit überwiegend ungenügend beurteilt. Bei der Abschlussprüfung wurden dagegen überwiegend die Noten gut und befriedigend vergeben, was auf einen ja nicht unerheblichen Erfolg der Ausbildung schließen lässt. Trotzdem war das Unternehmen mit der Qualität der Ausbildung unzufrieden.

Die Ausbildung von Ausländern im Schweißerberuf orientierte sich an den regulären Ausbildungskriterien in dieser Berufsgruppe. Nach Auffassung der Firma sei die Ausbildung zum Schweißer allgemein mangelhaft. Die Firma nahm dies zum Anlass, über Mängel des Ausbildungsprogramms Klage zu führen. Angesichts der enormen Fluktuation, die die Buna Werke an Arbeitkräften im fünfstelligen Bereich verzeichneten, erscheint der akribische Aufwand in der Ausbildung von nur 18 Leuten in keinem Verhältnis zu stehen. Im Mittelpunkt der Überlegung steht die Frage, ob man besser einzelne Handgriffe einstudieren lässt oder lieber das kompelexe Berufsbild vermittelt. Dieser Bericht verdeutlicht die Zielsetzung, nicht einzelne, immer wieder kehrende Handgriffe zu vermitteln sondern zum selbständigen universell einsetzbaren Schweißer heranzubilden. Die hier von Buna vorgenommene Maßnahme wurde nicht vom Arbeitsamt oder einer anderen Stelle angeregt.

„Die plötzliche Änderung des Arbeitsortes und der Arbeitsbedingungen, sowie fremde Vorgesetzte muß die Ursache für das Versagen der Ostarbeiter bei der von uns vorgenommenen Prüfung gewesen sein. Wie Direktor A. angab, zeigte sich bei der Ausbildung, daß immer das zuletzt Geübte gut beherrscht, während das weiter zurückliegende fast vergessen wurde. Dasselbe wurde von Schweißermeister S. bestätigt, der mitteilte, daß zufriedenstellende Übungsergebnisse nur dann zu erwarten sind, wenn eine Aufgabe längere Zeit geübt wird. Sobald mehrere Aufgaben miteinander wechseln, werden alle nur schlecht durchgeführt. Daraus ergibt sich die Forderung der Spezialisierung auf eine bestimmte Nahtart. Wie die Aussprache weiter ergab, leidet die Ausbildung besonders unter der mangelnden Verständigung. Die theoretischen Grundlagen können nicht genügend vermittelt werden. Der Schweißer denkt zuwenig bei seiner Arbeit. Er schaut bei der Ausbildung gerade nur das ab, was ihm gezeigt wird. Wechselnde Arbeiten bereiten ihm daher große Schwierigkeiten. In der Aussprache anläßlich eines Vortrages, den Direktor A. am 14.12.42 hielt, und der die Ausbildung und den Einsatz von Ostarbeitern als Schweißer behandelte, machte der Unterzeichnete besonders auf die Schwierigkeiten aufmerksam, die die Mannigfaltigkeit der bei uns vorkommenden Schweißarbeiten mit sich bringt. Direktor A. erwähnte damals das Ausbildungsergebnis von 50 Ostarbeiterinnen, die im Laufe mehrerer Wochen in einer einzigen Arbeit ausgebildet wurden. Diese Arbeit wurde laufend zur völligen Zufriedenheit erledigt. Für unseren Betrieb kann eine derartige Spezialisierung auf eine bestimmte Schweißarbeit wohl kaum in Frage kommen. Es ist vielmehr eine zunächst gründliche und in weiteren Ausbildungsgängen möglichst vielseitige Ausbildung zu fordern. Über eine solche mit Ostarbeitern durchgeführte Ausbildung lagen damals aber noch keine Erfahrungen vor. Eines mußte jedoch bei Berücksichtigung aller Umstände klar sein: Die Forderung nach Vermittlung bester schweißtechnischer Grundlagen ist mit dem Ausbildungsplan, wie ihn die Richtlinien für Schweißlehrgänge (1 Grundlehrgang, 2 Aufbaulehrgänge, insgesamt 244 Stunden) vorschreiben und nach welchem die Ostarbeiter ausgebildet wurden, nicht zu erfüllen. Von einer größeren Anzahl deutscher Schweißer, die diese Schweißlehrgänge absolviert haben, bevor sie zu unserem Werk eingestellt wurden, ist mir nicht ein Fall bekannt, bei dem die Aufnahmeprüfung bei uns bestanden worden wäre und der Schweißer hätte sofort eingesetzt werden können. Wegen der zu großen Zahl der Übungsaufgaben, die in dem Lehrgang zu erledigen sind, kann keine intensive Grundlage vermittelt werden. Die Ausbildung muß daher oberflächlich bleiben. Und dies ist der Kardinalfehler bei der gesamten Schweißerausbildung. Man will in einer kurzen Zeit den Leuten möglichst viel beibringen und ereicht gerade das Gegenteil. Ganz abgesehen davon, daß sich Schweißer mit lückenhaften Grundfertigkeiten nie zu hochwertigen Schweißern entwickeln können. Im Zuge einer planmäßigen Weiterausbildung im Betrieb muß daher die Grundausbildung zu einem wesentlichen Teil nochmals erfolgen. In der Unterredung am 12.5.43 stellte auch Direktor A. seinerseits fest, daß die Ausbildung nach dem bisherigen Schema, wenigstens für die Ostarbeiter, nicht geeignet sei. Für künftige Ausbildungslehrgänge wird der Ausbildungsplan eine Abänderung dahingehend erfahren, daß die Anzahl der Übungsaufgaben wesentlich beschränkt wird.

Zusammenfassend kann gesagt werden, daß die Ausbildung in Halle ein besseres Ergebnis gehabt haben würde, wenn eine Reihe von Gesichtspunkten beachtet worden wären, die sich aus den Erfahrungen mit der Ausbildung von Ausländern schon vorher ergeben hatten. Außerdem hätte der in Frage kommende Ausbildungsplan für das zu schulende Menschenmaterial besser zugeschnitten werden müssen.

Über die Weiterausbildung und den Einsatz in unserem Werk ist noch Folgendes zu berichten: Seit der Beendigung der Ausbildung in Halle wurden von den 18 Schweißern bis jetzt 14 fertig ausgebildet. Es war festzustellen, daß sich die Leute durchweg Mühe gaben, etwas zu lernen. Die Prüfungsergebnisse sind, wie aus der Aufstellung ersichtlich, in allen Fällen sehr zufriedenstellend. Besonders bemerkenswert ist dies bei den Leuten, die nach einer achtwöchigen Ausbildung die Note ,,ungenügend" bekamen. Der Arbeitseinsatz erfolgte zunächst an einfachen Schweißerarbeiten möglichst gleicher Art, z.B. autogene Auftragsschweißung an Kettengliedern und elektrische Nachschweißungen von einfachen Eck- und Kehlnähten an Elevatorbechern. Die Arbeitsergebnisse gaben dabei zu keinerlei Beanstandungen Anlaß. Nachdem die Leute etwa drei Wochen im Zeitlohn arbeiteten, wurde dazu übergegangen, sie im Leistungslohn arbeiten zu lassen. Vorher wurde ihnen unter Hinzuziehung einer Dolmetscherin das Wesen unseres Akkordsystems eingehend erklärt. Es wurde weiterhin veranlaßt, daß täglich der deutsche Text auf den anfallenden Akkordscheinen von der Dolmetscherin in russischer Sprache eingetragen wird. Auf diese Art werden Fehleintragungen auf den Scheinen vermieden, besonders wenn die Leute mit mehreren Arbeiten beschäftigt sind. Soweit sich bis jetzt feststellen lässt, tragen die Ostarbeiter die gebrauchten Zeiten pünktlich, gewissenhaft und richtig ein. Allerdings werden die Akkordscheine noch häufig überschritten. Das mag daran liegen, daß mit der Beschäftigung im Leistungslohn zu früh begonnen wurde. Andererseits ist ein Teil der Schweißer von Natur aus sehr langsam und schwerfällig, so daß bei diesen auch später noch Schwierigkeiten bei Akkordarbeiten auftreten werden.

Ein endgültiges Urteil über die Bewährung als Schweißer läßt sich jetzt noch nicht geben. Wahrscheinlich wird sich auch nur ein sehr kleiner Teil zu höherwertigen Schweißern ausbilden lassen. Zu gegebener Zeit werden in einem Bericht über den gesamten Ausländereinsatz weitere Erfahrungen und Maßnahmen mitgeteilt werden."[52]

Weil es den Buna Werken Schkopau nicht gelang, angelernte zivile Ausländer dauerhaft im Betrieb zu halten, setzte man auf beruflich vorgebildete Kriegsgefangene, Spezialisten der sowjetischen Rüstungsindustrie. 1944 ergab sich eine Gelegenheit, 100 sowjetische Fachkräfte auf Umgehung des Dienstweges zu ordern. Durch Ausschaltung der Arbeitsämter und der zuständigen Wehrmachtsverwaltung gelang dies unter Ausnutzung persönlicher Kontakte. Die Buna Werke besorgten sich sowjetische Kriegsgefangene über den privaten Kontakt des Direktors Biedenkopf zu einem Wehrmachtsangehörigen über das Durchgangslager Nikolaiken in Ostpreußen. Dieser Doktor M. genannte Kontaktmann war vom Dienstgrad lediglich Feldwebel. Nach dem Eintreffen der 66 Kriegsgefangenen zu Mitte März - „sämtlich gut ausgebildete Metallhandwerker" - ermittelte die Werkleitung die in der Sowjetunion erworbene Qualifikation, die berufliche Ausbildung und die Dauer der Berufspraxis. Besonderes Interesse wurde den Kriegsgefangenen entgegengebracht, die in der sowjetischen Maschinen- und Rüstungsindustrie, der Elektro- und Chemieindustrie tätig gewesen waren. Da an einen Ersatz von Maschinen und Gerät nicht zu denken war, wuchs insbesondere der Bedarf an Reparaturschlossern.[53]

Bevor sie nach Nikolaiken gekommen seien, hätte man sie auf ihre Zuverlässigkeit und Glaubwürdigkeit überprüft: „Diese Kriegsgefangenen werden in einem Durchgangslager in Ostpreußen längere Zeit ausgehorcht und dann, sofern sie abwehrmäßig in Ordnung sind, der deutschen Rüstungsindustrie zum Einsatz zugeführt. Dr. M. will nun, sofern wir interessiert sind, geeignete Kriegsgefangene z.B. Ingenieure, Techniker, Schlosser, Dreher usw. aussuchen und uns in Truppe von 10 bis 30 Mann anbieten. Den ersten Transport wird er durch einen Begleiter

---

[52]   Landeshauptarchiv Sachsen-Anhalt Magdeburg (LHSA), Rep. I Buna Werke Schkopau Nr. 473, Bl. 59-61.
[53]   LHSA, Rep. I Buna Werke Schkopau Nr. 464, Blatt 2.

nach Schkopau bringen lassen, während wir die weiteren Transporte im Durchgangslager in Ostpreußen selbst abholen müssen. Ich habe Herrn Dr. M. zugesagt, dass wir zunächst bis zu 100 Mann aufnehmen können und die Quartiere hierfür bis Anfang März bereitstellen werden können. Nach Entscheidung von Herrn Dr. M. können die russischen Kriegsgefangenen in der gleichen Weise wie französische Kriegsgefangene eingesetzt werden. Telefonisch ist Herr. Dr. M. über die Postleitung Nikolaiken/Ostpreußen zu erreichen."[54]

Am 27. April 1944 kam es zu einer Besprechung im Buna-Werk unter Teilnahme des Abwehroffiziers III von Leipzig/Halle, dem Abwehroffizier des Stammlagers IVD Torgau, des Arbeitseinsatzoffiziers und zwei Kontrolloffizieren des Stammlagers Merseburg sowie zweier Direktoren von Buna. In dem Werk arbeiteten die 66 sowjetischen Kriegsgefangenen in 18 verschiedenen Betrieben, weitere 32 sollten noch von der Dienststelle Nikolaiken eintreffen. Der Kommandeur der Kriegsgefangenen im Wehrkreis IV hatte die Genehmigung zum Einsatz der 32 Kriegsgefangenen zurückgezogen, da der Einsatz der 66 Kriegsgefangenen unter Umgehung des Dienstweges erfolgt war. Nach Besichtigung verschiedener Arbeitsplätze von sowjetischen Kriegsgefangenen wurde jedoch beschlossen, die bereits eingesetzten sowjetischen Kriegsgefangenen im Werk zu lassen, da sie eine längere Zeit beobachtet worden seien, und Beanstandungen sich nicht ergeben haben. Die Art und Weise ihrer bisherigen Beschäftigung konnte die Buna Werke GmbH beibehalten. Die Überweisung der restlichen 32 Kriegsgefangenen sollte geprüft werden. Der beantragte Einsatz sowjetischer Kriegsgefangener als Gruppenführer von Ostarbeitern wurde jedoch nicht genehmigt. Gegen den Einzeleinsatz bestanden keine Bedenken. Es sollte allerdings die Entscheidung des Reichssicherheitshauptamtes Berlin eingeholt werden. Ein entsprechender Antrag sollte an den Chef des Kriegsgefangenenwesens gerichtet werden. Die Gestapo Halle befürwortete den Antrag. Das gleiche wurde bezüglich der Zusammenarbeit von zivilen Ostarbeitern mit sowjetischen Kriegsgefangenen beschlossen. Beim künftigen Einsatz

---

[54] LHSA, Rep. I. Buna Werke Schkopau Nr. 464, Blatt 68, 68R.

von sowjetischen Kriegsgefangenen sollte in der Weise verfahren werden, dass sie zunächst in den Werkstätten eine gewisse Zeit probeweise beschäftigt werden, um zu ermitteln, ob abwehrmäßige Bedenken einem Einzeleinsatz entgegenstehen. Falls dies nicht der Fall ist, sollen sie dann auch einzeln eingesetzt werden können. Der Kontrolloffizier ließ die bereits anwesenden sowjetischen Kriegsgefangenen nochmals auf ihre Zuverlässigkeit anhand der Kriegsgefangenenkartei überprüfen. Für nicht verwendungsfähige Kriegsgefangene sollte Ersatz gestellt werden.[55]

Im Oktober und im Dezember 1944 wurden über Doktor M. noch weitere sowjetische Metallfachwerker angefordert. Besonders erstaunlich ist die Hartnäckigkeit, mit der das Werk den Verbleib der illegal angeforderten Kräfte gegenüber den zuständigen Stellen durchsetzte. Die berufliche Qualifikation von Kriegsgefangenen scheint deutlich höher bewertet worden zu sein als die Fähigkeiten im Betrieb angelernter Zivilarbeiter.

---

[55]   LHSA, Rep. I Buna Werke Schkopau. Nr. 464, Blatt 41f.

2.7. Das Scheitern des Anlernens aus Perspektive der Betriebe

Sauckel und Speer hatten mit dem Anlernen einen universell verfügbaren Arbeitskräftepool schaffen wollen. Die Angelernten sollten je nach Dringlichkeit umgesetzt werden. Den meisten Betrieben war jedoch nicht bewusst, dass der Abzug der Angelernten einkalkuliert war. Aus ihrer Sicht musste das Anlernen deshalb als eine vergeudete Maßnahme erscheinen. Unter allen verfügbaren ausländischen Arbeitskräftegruppen waren allein Kriegsgefangene diejenige, gegen deren Abzug Protest gegenüber dem Arbeitsamt eine geringe Chance hatte.

Selbst wegen Abzugs einzelner oder nur weniger Arbeitskräfte legten Betriebe jetzt Beschwerde unter dem Hinweis ein, dass es sich um Kräfte handelt, die im eigenen Betrieb ausgebildet waren. Die Leipziger Braunkohlenwerke AG berichtete am 7. August 1944 an das Arbeitsamt Leipzig über ihre Umschulungsmaßnahmen für Elektroschweißer. In dem Schreiben rechtfertigt sich die Firma gegenüber dem Arbeitsamt zugleich, weshalb sie drei ausgebildete Zimmerleute bei Tätigkeiten ungelernter Arbeit beschäftigt und wehrt sich gegen deren Abzug. Insgesamt arbeiteten hier 25 sowjetische Kriegsgefangene.

„Es ist richtig, daß wir die gelernten Zimmerleute, russische Kriegsgefangene als Gleisbauer und Kipper in unserem Tagebau beschäftigt haben. Es sind unter den Russen mehrere Zimmerleute gewesen und nur die besten konnten wir in unserer Zimmerei ihrem Fach entsprechen einsetzen. Im Tagebau benötigen wir aber jetzt jeden Mann, nachdem wir wegen weiterer stärkerer Abstellungen zur Wehrmacht in Umstellung auf die zwölf Stunden-Schicht stehen und damit auf eine durchschnittliche Wochenarbeitszeit unserer gesamten Gefolgschaft von 64,5 Stunden gekommen sind. Wir können diese drei Mann daher nur gegen Ersatzgestellung abgeben, einen Abzug ohne Ersatz, einen Abzug der gegen die Vereinbarung zwischen G.B. Arbeit und Reichwirtschaftsminister Reichsvereinigung Kohle verstößt, würden wir sofort höheren Ortes melden."

Ein weiteres Beispiel von den Regiser Braunkohlenwerken: „Gegen den Abzug der russischen Kriegsgefangenen Nr. 153104 und 167912 erheben wir Einspruch. Den S. haben wir in fünfmonatiger Umschulungszeit zum Elektroschweißer in unserer Werkstatt ausgebildet und den U. in dreimonatiger Umschulungszeit zum Hilfsbaggerführer. Auch gegen einen Abzug dieser für uns nunmehr als Facharbeiter geltenden Kriegsgefangenen würden wir Einspruch bei der Reichsvereinigung Kohle/ Reichswirtschaftsminister erheben."[56]

Der Abzug ausgebildeter Fachkräfte war nicht nur ein Problem für Rüstungsbetriebe. Alle Branchen waren dazu aufgefordert Ausländer anzulernen, auch in landwirtschaftlichen Anbau- und Verarbeitungsbetrieben. Die Inhaberin eines Gartenbaubetriebes aus Gorsleben, Mitglied im Gartenbauwirtschaftsverband Weimar, brachte im Juni 1943 beim Reichsverteidigungskommissar für Thüringen diese Beschwerde vor: „Die mir zur Zeit zugewiesenen Arbeitskräfte (Kriegsgefangene) habe ich einige Monate beschäftigt. Daraufhin wurden sie abgezogen und mir neue zugewiesen. Jetzt ist es so, daß die Arbeitskräfte alle 14 Tage bis drei Wochen wechseln. Die beim Versand der Suppenwürze benutzten Tonnen kommen wieder zurück und sind zum Teil sehr beschädigt. Zu diesem Zwecke hatte ich mir einen Franzosen als Böttcher angelernt, der wiederum einige Franzosen unterrichtet hatte. Diese Franzosen sind mir jetzt alle weggenommen worden. Bei der Kreisbauernschaft sowie der Landesbauernschaft Halle-Merseburg finde ich keine Unterstützung. Ich bitte, daß mir die zugewiesenen Arbeitskräfte dauernd verbleiben und ich nicht gezwungen bin, wie es bei dem bisherigen Wechsel der Fall war, diese Kräfte immer wieder neu anzulernen."[57]

Verglichen mit angelernten Kriegsgefangenen war die Fluktuation unter angelernten ausländischen Zivilisten deutlich höher. Die „Bekämpfung

---

[56] Sächsisches Staatsarchiv Leipzig, Regiser BKW Nr. 187, Bl. 61.
[57] Thüringisches Hauptstaatsarchiv Weimar, Reichsstatthalter Thüringen. Nr. 492.

der Fluktuation und Abwanderung ausländischer Arbeitskräfte" war ein zentrales Thema bei den Buna-Werken in Schkopau im August 1943. Viele Zivilarbeiter brachen ihre Verträge und kamen aus dem Urlaub nicht zurück. Die Buna-Werke überlegten, zumindest den zivilen Franzosen eine Urlaubssperre aufzuerlegen oder sie mit Treueprämien zu halten. Im November 1943 rechnete das Personalbüro für Arbeiter damit, dass bis April 1944 von 2092 Ausländern, die bereits Voranmeldungen für ihren Urlaub gestellt hatten, 1437 nicht zurückkehren würden. Insgesamt beschäftigte Buna 2610 ausländische Zivilisten. So betrug also der Schwund nach Urlaub um die 60 Prozent. Den zu erwartenden Verlust kalkulierte das Büro für die interne Statistik auf 650 Franzosen, 80 Belgier, 80 Holländer, 70 Tschechen, 90 Kroaten, 424 Slowaken, 43 Spanier. Eine vergleichsweise Konstante blieben im November 1943 dagegen die 2431 Kriegsgefangenen. Ein großer Teil der Zivilarbeiter war kaum länger als ein Viertel- oder Halbjahr im Betrieb gewesen. Dies traf auch auf die angelernten Kräfte zu: Im Zeitraum vom 1. Juli 1940 bis zum 15. November 1943 waren 2746 angelernte Personen wieder ausgeschieden, darunter 856, die in Metallberufen angelernt worden waren. Die größte Fluktuation gab es bei Deutschen und zivilen Ausländern, worunter auch hier die zivilen Ostarbeiter zählten. Auch 150 Wehrmachtsstrafgefangene hatte man angelernt und wieder abgegeben. Die geringste Fluktuation betraf angelernte Kriegsgefangene, von denen man nur drei verloren hatte.

Die Fluktuation insgesamt war indessen weit höher. Die absolute Zahl umfasste alle ausgeschiedenen Arbeitskräfte, also auch diejenigen, die nicht im Betrieb angelernt worden waren. Sie betrug allein in der Gruppe der zivilen Ausländer 8500 Personen im Zeitraum von Juli 1940 bis Oktober 1943. Der Höchststand gleichzeitig anwesender ausländischer Kräfte - Zivilisten und Kriegsgefangene zusammen - überschritt im November 1943 jedoch gerade knapp die 5000. Relativ konstant blieb die Gruppe der Kriegsgefangenen. Deren absolute Zahl Anwesender betrug im November 1943 2431. Zwischen 1. November 1941 und 30. September 1943 hatte es 1290 Zugänge und nur 423 Abgänge in dieser Gruppe gegeben. Darunter waren Polen, Russen, Franzosen und Italiener. Im selben Zeitraum wechselten dagegen 7320 deutsche Zivilisten und 3245 deutsche Wehrmachtsgefangene.

So stellte sich im August 1943 der „Gefolgschaftsabteilung" die Frage, welche alternativen Arbeitskräftegruppen noch zur Verfügung stehen könnten, bei denen eine geringere Fluktuation zu erwarten wäre: „Nach den in der letzten Zeit von uns angestellten Ermittlungen besteht die Möglichkeit weitere 400 Frauen halbtags in unserem Werk zu beschäftigen. Seit Erlass der Anordnung über die Meldepflicht von Frauen haben wir übrigens 859 Frauen bisher eingestellt. Zur Deckung unseres Bedarfs könnten auch in starkem Maße Kriegsversehrte in unserem Werk beschäftigt werden. Wir haben rund 300 Arbeitsplätze in unserem Werk festgestellt, die für den Kriegsversehrteneinsatz geeignet sind."[58] Dem Anlernen Kriegsversehrter kam im letzten Kriegsjahr immer größere Bedeutung zu. Sie galten als ängerfristig verfügbare Gruppe, so auch im IG Farbenwerk in Premnitz.[59]

Vor repressiven Maßnahmen, mit denen sich die Fluktuation der zivilen Ausländer hätte eindämmen lassen, schreckte das Werk jedoch zurück: „Zur Zeit besteht zwar die Möglichkeit, daß der Betriebsführer vom Reichstreuhänder der Arbeit die Genehmigung zur Durchführung einer Urlaubssperre den französischen Zivilarbeitern gegenüber für seinen Betrieb erwirkt. Ein Vorgehen einzelner Betriebe in dieser Richtung führt aber unserer Ansicht nach zu keinem befriedigenden Ergebnis. Es würde eine starke Verärgerung mit unangenehmen Auswirkungen auf die Arbeitsleitung hervorgerufen, wenn benachbarte Betriebe von dieser Möglichkeit keinen Gebrauch machen." Deshalb schlug das Werk dem Generalbevollmächtigten für den Arbeitseinsatz im August 1943 vor, jedem Rückkehrer aus dem Urlaub 100 Mark an Treueprämie zu zahlen, und,

---

[58] Landeshauptarchiv Sachsen-Anhalt Magdeburg, Rep. I Buna Werke Schkopau, Nr. 470, Seite 43.
[59] Brandenburgisches Landeshauptarchiv, Rep. 75, IG Farben Premnitz Nr. 3189, Protokoll 6/44 vom 24. Mai 1944.

wenn er sich für ein weiteres Halbjahr verpflichtete, einen Sonderurlaub im Umfang des Heimaturlaubs zu genehmigen. Darüber hinaus forderten die Buna Werke im Heimatland Betreuungsstellen für die Familien der Arbeiter einzurichten. Diese sollten Unterstützung für den regelmäßigen Kontakt und Dialog zwischen der Familie und dem Arbeiter leisten, um Behördendinge oder häusliche Angelegenheiten im Heimatland zu klä-ren. Denn viele Zivilisten hatten wohl nur deshalb Heimaturlaub bean-tragt, weil es familiäre Schwierigkeiten gab. Freilich wurde die Urlaubs-sperre im letzten Kriegsjahr für ausländische Zivilisten obligatorisch, so im IG Farben-Werk Premnitz mit Ausnahme von Spaniern, Slowenen, Bulgaren, Rumänen und Kroaten.[60]

Andere Werke bemühten sich um eine Herausnahme von Fachkräften aus den Ostarbeiterbestimmungen, auch mit dem Ziel eines längerfristi-gen Verbleibs dieser Kräfte im Betrieb. Die IG Farben in Wolfen bean-tragte dies am 8. November 1943 für 20 russische Fachkräfte, darunter fünf Chemiker, vier Ingenieure, Elektro-, Maschinen- und Chemotechni-ker.[61] Das Werk Böhlen der Braunkohlenbenzin AG empfahl den Schwe-sterwerken in einem internen Report im Januar 1943 das Anlernen auf die Gruppe der sowjetischen Kriegsgefangenen zu beschränken, weil dies die Gruppe sei, die erwartungsgemäß am längsten im Betriebe verbleiben würde und sich das Anlernen für den Betrieb daher am mei-sten lohne.[62]

---

[60] Brandenburgisches Landeshauptarchiv, Rep. 75. IG Farben Premnitz, Nr. 3189, Protokoll der Direktionssitzung vom 23. Mai 1944.

[61] Landeshauptarchiv Sachsen-Anhalt, Rep. I. IG Farben Wolfen Nr. 2004, Seite 45. Aktennotiz vom 8. November 1943.

[62] Brandenburgisches Landeshauptarchiv, Rep. 75 Brabag Werk Schwarzheide. Ausländer-Werkstätten Böhlen (Sachsen). Interner Report an die Schwesterwer-ke vom 13. Januar 1943.

2.8. Kritik am Anlernen und propagandistische Antworten darauf

Kritik am Anlernen brach jedoch nicht ab. Nicht nur innerhalb der deutschen Belegschaften wurde die Ausbildung von Ausländern und Kriegsgefangenen argwöhnisch aufgenommen. Es gab Betriebsführer und Werksleitungen, die sich dem verweigerten. Der Reichswirtschaftsminister sprach in einer Mitteilung der Fachgruppe Kalibergbau im Februar 1943 von „stark überfremdeten Betrieben" und mahnte einen Austausch der Ausländer mit deutschen Kräften anderer Werke an, in denen der Ausländeranteil sich noch unter 25 Prozent befand. Das Bergwerk Krügershall der Burbach Kaliwerke AG protestierte bei einem Ausländeranteil von 54 Prozent im Grubenbetrieb am 14. Mai 1943 in einem Schreiben an das Oberbergamt Halle gegen den weiteren Abzug deutscher Kräfte und berief sich dabei auf diese Mitteilung.[63]

Das Anlernen war auch ein ideologisches Problem, das sich überhaupt nicht mit der nationalsozialistischen Idee der Gefolgschaft vertrug. Wie sehr der Ausländereinsatz und insbesondere das Anlernen den Mitgliedern der deutschen Belegschaft fragwürdig erschien, belegt Fritz Sauckels bekannter, 1943 erschienener Propaganda-Bildband „Europa arbeitet in Deutschland". Das Buch erschien zeitgleich zu dem von der DAF herausgegebenen Blatt „Anlernung und Umschulung - Richtlinien für die Ausbildung der deutschen und fremdvölkischen Arbeitskräfte."[64] Der Text griff die ablehnende Haltung vieler deutscher Facharbeiter zum Anlernen der Ausländer auf, indem man den Deutschen überlegene Tugenden andichtete, die dabei angeblich ihre volle Wirkung entfalteten:

„Nach Äußerungen eines bedeutenden Thüringischen Wehrwirtschaftsführers hat sich jeder deutsche Betrieb den Anlernerfordernissen erstaunlich angepaßt. In seinem Werk insbesondere bestehen heute Arbeitsgruppen aus einem einzigen deutschen Vorarbeiter und etwa 30 ungelernten Ostarbeitern, die hochwer-

---

[63] Landeshauptarchiv Sachsen-Anhalt - Landesarchiv Magdeburg, Rep. I. Burbach Kaliwerk Krügershall AG AI, KR Nr. 61, Blatt 191-192.

[64] Ulfried Geuter, Das Institut für Arbeitspsychologie und Arbeitspädagogik der Deutschen Arbeitsfront, in: 1999. Zeitschrift für Sozialgeschichte des 20. und 21 Jahrhunderts. 2. Jahrgang, 1987. H. 1.

tige, zumindest aber abnahmegerechte Klempnerarbeit verrichten. Der deutsche Werkmann lernt eben von Grund auf um und trägt den Kriegsanstrengungen weitgehend Rechnung. Der Krieg hat hier revolutioniert, mit einem Schlag im deutschen Menschen Führungsqualität entwickelt."[65]

Im Umkehrschluss bedeutet dies: Wer das Anlernen der Ausländer in Frage stellt, dem mangelt es an Führungsqualitäten, der ist undeutsch. Das Zitat stellt eine Mustersituation dar, die viele Betriebe gegenüber den Arbeitsämtern immer wieder beklagten, nämlich, dass sie zu wenig Vorarbeiter hatten, um die vielen Ausländer anzulernen. Dass das Anlernen auch zu viele Fachkräfte band, die an anderer Stelle im Betrieb dann wieder fehlten. Das Zitat erwidert dagegen: nichts ist unmöglich. Wer das nicht schafft, ist keine Führungskraft.

Auch andere Vorbehalte wurden unumwunden aufgegriffen, um einer gewissen Ausländerfeindlichkeit entgegen zu treten. Diese war nicht rassistisch motiviert, sondern hatte ihre Ursache wohl in der persönlichen Wut über die tagtäglichen Unwägbarkeiten der Kriegswirtschaft. Das Kuriose: Die Propaganda versucht der Ausländerfeindlichkeit entgegen zu treten, in dem sie die völkische Überlegenheit der Deutschen betont: „Haben sie (die Ausländer) gegenwärtig nicht vielerlei den Deutschen voraus? Zumeist in der Nähe der Arbeitsstätte untergebracht, in der Lagerküche vorzüglich verpflegt, gehört nach der Schicht der Feierabend ihnen. Der Werktag der Heimat sieht vielfach anders aus. Da legen deutsche Arbeiter täglich Anmarschwege von bis zu 40 Kilometern zurück, sind von morgens 3.45 Uhr bis abends 21 Uhr auf den Beinen. Es hat die deutsche Frau, wenn ihre Arbeit im Betrieb zu Ende ist, zu Hause in ihrer Familie ein zweites gerütteltes Maß an Verpflichtungen. Es wird das alles geleistet, mit einer im Ausland unfassbaren Einsatzbereitschaft."[66] Auch hier wird wieder an die angeblichen Tugenden des deutschen Menschen appelliert, der Dinge zu leisten vermag, die andere Völker niemals hinkriegten. Wer auch nur wagt, dies in Frage zu stellen, grenzt

---

[65] Friedrich Didier, Europa arbeitet in Deutschland. Sauckel mobilisiert die Leistungsreserven, Berlin 1943, S. 36-38.

[66] Didier. S. 36.

sich aus der Gefolgschaft aus. Man darf bezweifeln, dass diese Propagandaschrift die Masse ihrer Zielgruppe erreichte. Dass sie überhaupt gedruckt wurde, zeugt von den Schwierigkeiten, die Sauckel und Speer hatten, den Arbeitseinsatz allgemein und das Anlernen insbesondere vor der deutschen Belegschaft wie auch der Betriebsführer und Direktoren ideologisch zu rechtfertigen.

Tatsächlich teilte Speer die Kritik der Betriebe an den Einziehungen der bislang als unabkömmlich eingestuften Facharbeiter und notierte am 26. Januar 1943: „In Dreivierteljahren nützt es uns nichts mehr, weil die Soldaten, die jetzt aus der Industrie rausgehen müssen, frühzeitig ersetzt werden müssen; wenn sie zu spät ersetzt werden, fehlt die Menge an Fachkräften und Schlüsselkräften, die in der Lage sind, die neuen Menschen in irgendeiner Form einzuführen. Wenn ich unter ein bestimmtes Maß an Fach- und Schlüsselkräften herunterkomme, habe ich überhaupt im Betrieb nicht mehr die Möglichkeit, die Neu-Angelernten oder die Fachkräfte wieder abzuziehen. Es ist eine außerordentlich kritische Situation."[67]

---

[67] Gregor Janssen, Das Ministerium Speer, Berlin 1968, S. 79.

Das Anlernen in den Ausbildungswerkstätten des Werkes Böhlen der Brabag in Sachsen

Aus dem an die Schwesterwerke gerichteten Bericht des Werkes Böhlen der Braunkohlenbenzin AG in Sachsen vom 13. Januar 1943 stammen die nachfolgenden Fotografien. Der Erfahrungsbericht über die Lehrtätigkeit in den „Ausländer-Werkstätten" mit sowjetischen und französischen Kriegsgefangenen war ein interner Report an alle Betriebe der Brabag. Er schildert die Abläufe der innerbetrieblichen Schulung im Metall- und Elektrofach. Quelle: Sächsisches Staatsarchiv Leipzig. Braunkohlenbenzin AG Brabag Böhlen. Nr. 132.

Übersicht der Gesamtanlage der Ausbildungswerkstätten für Kriegsgefangene.

Im Vordergrund: Werkstatt Betriebskontrolle, Mitte: Armaturen-Werkstatt.
Hinten: Elektro-Werkstatt.

Links: Umschulungs-Werkstatt. Rechts: Elektro-Werkstatt.

Links: Werkstatt Betriebskontrolle für mechanische Bearbeitung an Werkzeugmaschinen.
Rechts: Umschulungs-Werkstatt für insgesamt 91 Umschüler.

Abortanlage - nach Nationen eingeteilt.

Umschulung von sowjetischen Kriegsgefangenen, Bild 1.

Umschulung von sowjetischen Kriegsgefangenen, Bild 2.

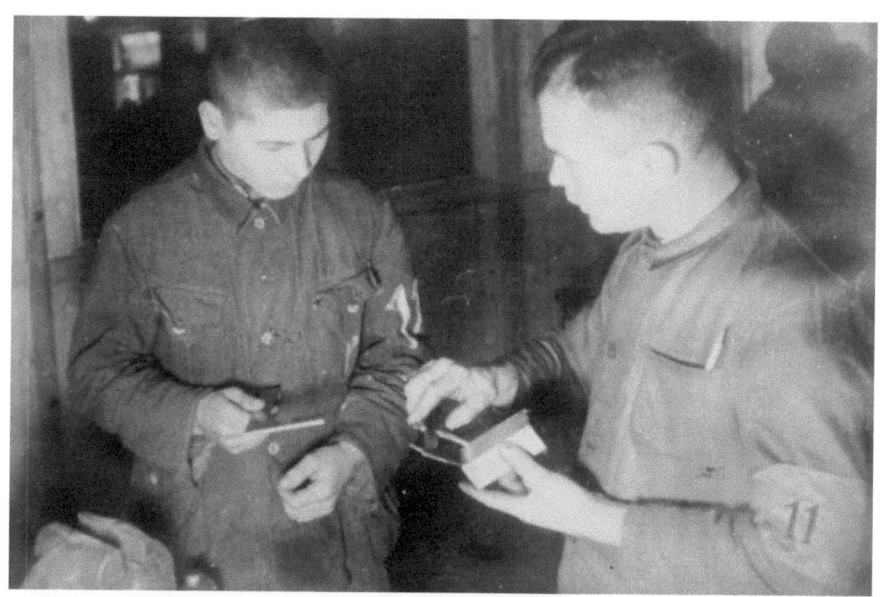

Umschulung von sowjetischen Kriegsgefangenen, Bild 3.

Kriegsgefangene sowjetische Techniker bei der Arbeit.

Sowjetischer Kriegsgefangener und Dreher.

Sowjetischer Kriegsgefangener und Schweißer.

Der Bau eines Kühlers in der Werkstatt der Kriegsgefangenen.

Sowjetische Kriegsgefangene in der werkseigenen Schusterei.

Arbeitskolonne von sowjetischen Kriegsgefangenen im Freien
mit deutschem Kolonnenführer.

Arbeitskolonne sowjetischer Kriegsgefangener
mit deutschem Kolonnenführer im Werkstattbetrieb.

Sowjetischer Kriegsgefangener und Handwerker. Er trägt einen Stern, eine betriebsinterne Auszeichnung für gute Arbeit, die Vorzüge im Werk garantierte.

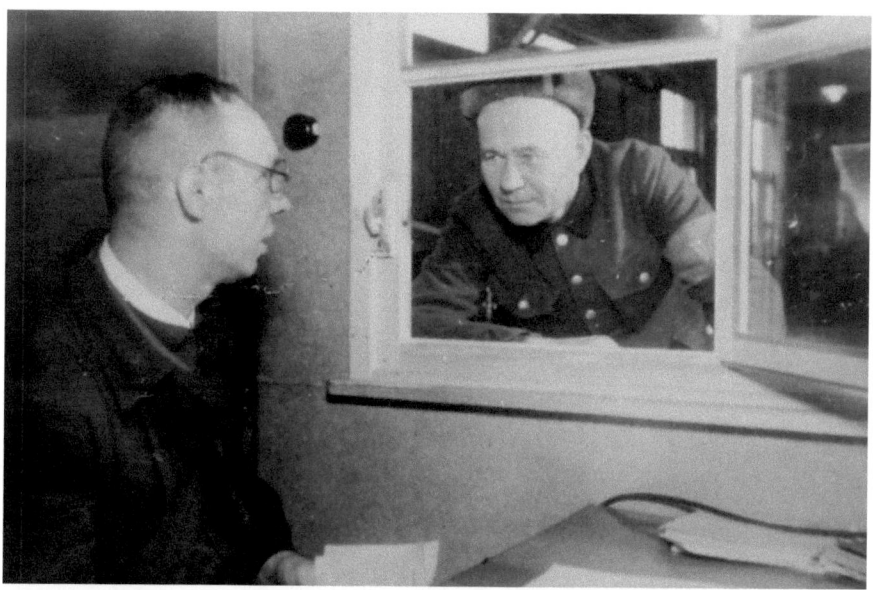

Ein deutscher Hilfsdolmetscher (links) gibt dem „Polizisten" der sowjetischen Kriegsgefangenen (am Fenster) Anweisungen.

Schulungsraum. Unterricht für deutsche Fachausdrücke.

Schulungsraum, Bild 2.

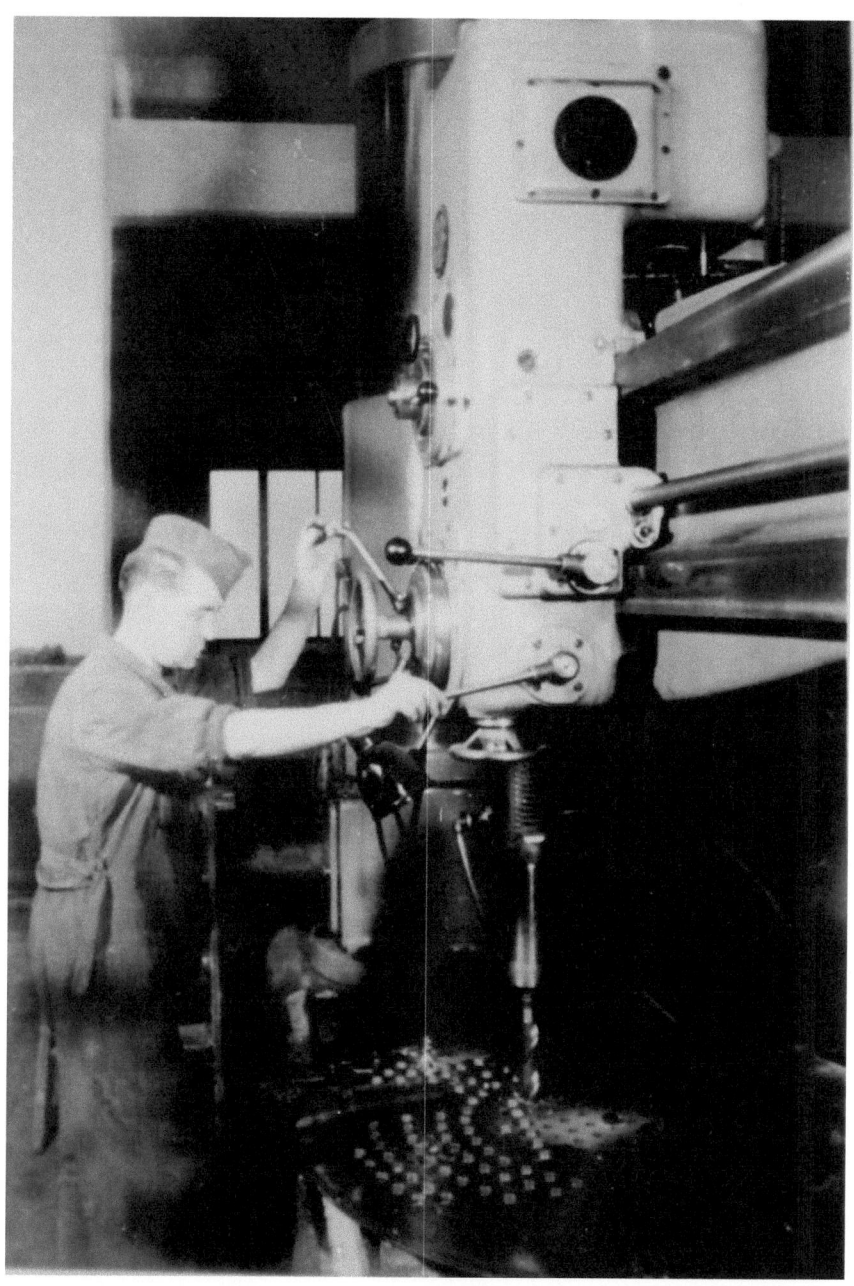

Französischer Kriegsgefangener und ausgebildeter Bohrer an Werkzeugmaschine.

Die Arbeit an den komplexeren Werkzeugmaschinen ist hier vorrangig
für die Franzosen vorgesehen.

Französische Kriegsgefangene und Schweißer.

Werkstatt Franzosen.

3. Das Anlernen als staatliches Instrument der Kriegswirtschaft

3.1. Die Berufung von Arbeitseinsatzingenieuren und ihre Aufgaben

Nach dem Ergebnis des „Sonderdienstes" über die geringe Effektivität der Arbeitsämter verließ sich der Minister für Bewaffnung und Munition nicht länger auf diese allein. Denn sie sollten in erster Linie die Weisungen der Rüstungskommissionen erfüllen und nicht dem Drängen der Betriebe nachgeben. Schon zwei Wochen später, um den 8. Juli 1943, ordnete Speer allen Betrieben mit mehr als 300 Arbeitskräften die Schaffung von Arbeitseinsatzingenieuren an. „Es wird empfohlen, den Arbeitseinsatzingenieur nicht aus dem Personalbüro, sondern aus dem der Planung oder der Vorkalkulation zu nehmen. Der Arbeitseinsatzingenieur soll im Allgemeinen technisch vorgebildet sein."[68] Weil Personalbüros in direktem Kontakt mit dem Arbeitsamt standen, versprach man sich von einem Techniker eine distanzierte Haltung diesem gegenüber.

Die Arbeitseinsatzingenieure arbeiteten in den Betrieben nach den Weisungen des Vorsitzers der Rüstungskommission. Auf diese Weise konnte einerseits die Fehlerquelle Arbeitsamt umgangen als auch kontrolliert werden. Aber auch die Betriebe selbst unterlagen jetzt der Kontrolle der Rüstungskommission. Wichtigstes Ziel war es, die Dringlichkeiten zu erfüllen, das innerbetriebliche Arbeitskräftepotential so schonend auszuschöpfen, dass Anforderungen vermieden werden konnten. Demgemäß erfolgte auch die Einsetzung der Arbeitseinsatzingenieure durch den Vorsitzer der Rüstungskommission auf Vorschlag des jeweiligen Betriebsführers. Die Betriebseinsatz-Ingenieure, wie sie auch genannt wurden, unterstanden den Bezirks-Arbeitseinsatz-Ingenieuren, die wiederum

---

[68] LAB Rep. 229 Nr. S/30, Bl. 2.

dem Reichsarbeitseinsatz-Ingenieur und dem Reichsminister für Rüstungs- und Kriegsproduktion unterstanden.[69]

> „Aufgaben des Arbeitseinsatzingenieurs sind die Prüfung und Sicherstellung des rationellsten und sparsamsten Einsatzes von Arbeitskräften im Betriebe. Der Arbeitseinsatzingenieur ist insbesondere dafür verantwortlich, daß die Arbeitskräfteanforderungen der Betriebe hinsichtlich Zahl und Qualität auf das unbedingt erforderliche Mindestmaß beschränkt werden. Ferner obliegt den Arbeitseinsatzingenieuren die Umschulung und Anlernung der zugewiesenen ungelernten in- und ausländischen Arbeitskräfte."[70]

Die Prüfungsausschüsse der Rüstungskommissionen kontrollierten seit der zweiten Jahreshälfte 1943, ob in den Betrieben der gewerblichen Kriegswirtschaft, Bauwirtschaft, Reichsbahn und Reichspost Facharbeiter in Mangelberufen ihren beruflichen Kenntnissen entsprechend beschäftigt waren und ob die Betriebe qualifizierte Arbeitskräfte an andere Betriebe abtreten konnten.[71] Dies war eine Aufgabe, die zuvor eigentlich die Arbeitsämter hätten bewältigen müssen. Zu den ausgesprochenen Mangelberufen zählten im Herbst 1943 Werkzeug- und Gesenkmacher, Schlosser und Dreher, Maschinen- und Automateneinrichter, Kernmacher, Schmelzer, Gießer, Schweißer, Elektriker, Bleilöter, Kupferschmiede, Rohrleger, Gummiwerker, Glasbläser, Hütten- und Chemiearbeiter, Mineure, Baufacharbeiter, Bergbau- und Steinbrucharbeiter sowie natürlich auch Ingenieure, Chemiker und Physiker. Es heißt in dem Schreiben:[72]

> „Um zu vermeiden, daß solche wertvollen Facharbeiter erst für Arbeiten außerhalb ihres Berufs angelernt werden, werden die Prüfungsausschüsse die Feststellung im allgemeinen beschleunigt durch einzelne Beauftragte treffen lassen und eine Prüfung durch die gesamte Kommission nur in wichtigen Fällen durch-

---

[69]   Schreiben der Gauwirtschaftskammer Berlin-Brandenburg vom 8. Juli 1943 an die Schering AG Berlin, LAB Rep. 229 Nr. S/30, Bl. 2.

[70]   Gauwirtschaftskammer Berlin-Brandenburg an die Betriebsführer, 8. Juli 1943. Landesarchiv Berlin, Rep. 229, Nr. S/30.

[71]   Zum Beispiel kündigte der Reichsminister für Rüstung und Kriegsproduktion am 2. Dezember 1943 über die Bezirks-Arbeitseinsatz- Ingenieure die Prüfung des berufsrichtigen Einsatzes der italienischen Militärinternierten durch die Prüfungsausschüsse der Rüstungskommission an. LAB, Rep. 250-03-06 Nr. 94, Bl. 204f.

[72]   LAB, Rep. 250-03-06 Nr. 94, Bl. 204f.

führen. Die herausgezogenen Facharbeiter sind entsprechend berufsrichtig einzusetzen."

Die Arbeitseinsatzingenieure sollten gewährleisten, dass ein Betrieb zunächst einmal die innerbetrieblichen Ressourcen ausschöpft, das vor-
handene Personal so einsetzt, schult und umschichtet, dass nach Möglichkeit keine Kräfte beim Arbeitsamt angefordert werden mussten. Dies
führte freilich zu einem immer komplexeren Zusammenspiel verschiedenster Arbeitskräftegruppen von deutscher Stammbelegschaft, deutschen Frauen, zivilen und kriegsgefangenen Ausländern sowie in vielen
Betrieben einer forcierten Lehrlingsausbildung. Die Verfügbarkeit der einen Gruppe bedingte den flexibleren Einsatz anderer Gruppen. Diese
Kompatibilität von Arbeitskräftegruppen ging jedoch nicht erst auf die
Schaffung der Arbeitseinsatzingenieure zurück. Schon als mit Beginn
des Krieges gegen die Sowjetunion das Kräfteangebot knapp wurde,
gingen manche Betriebe aus eigenen Überlegungen dazu über.

Die Bergmann-Elektrizitätswerke in Berlin-Wilhelmsruh hatten das Anlernen von 110 sowjetischen Kriegsgefangenen vom 24. November 1941
an vorbereitet. Die Kolonnenarbeit schien hier für den Einsatz bei der
Facharbeit kein Widerspruch zu sein. Eine Einarbeitungszeit wurde hier
als selbstverständlich vorausgesetzt. „Unter Berücksichtigung der für
den Einsatz der Russen gestellten Bedingungen - geschlossener Einsatz
von Gruppen von mindestens 20 Mann - mit der Möglichkeit schärfster
Bewachung - können in Werk II eingesetzt werden." Vorgesehen waren
110 Mann jedoch ausschließlich für Facharbeitertätigkeiten in vier Be-
triebsteilen von Presserei, Dreherei und der Fahrzeugfabrik.[73] 20 Mann
als Schmiede- und Schmiedehelfer, 30 Mann als Dreher, je zehn Mann
als Dreher, Revolverdreher, Fräser, Schlosser und Werkzeug-
Maschinenschlosser. Des Weiteren drei Elektriker sowie vier weitere
Dreher und drei Fräser. Zuvor war eine Anlernphase von bis zu zwei
Monaten Dauer vorgesehen: „Nach Einarbeit und Bewährung dieser
Kräfte kann ca. sechs bis acht Wochen später die gleiche Zahl Arbeits-

---

[73] Landesarchiv Berlin, Rep. 250-03-02, Nr. 56, Blatt 22.

kräfte an den gleichen Plätzen nochmals eingesetzt werden. Die Anforderung erfolgt ca. drei bis vier Wochen nach Erhalt der ersten Kolonne."

Doch machte die Werksleitung schon zu dieser Zeit eine Ausdehnung des Russeneinsatzes davon abhängig, inwieweit für andere Bereiche der Produktion deutsche Frauen auf dem Arbeitsmarkt verfügbar sein würden: „Der Einsatz weiterer Russen ist erheblich davon abhängig, in welchem Umfange zusätzlich weibliche Arbeitskräfte eingestellt werden, da insbesondere Kontrolle, Montage und Abnahme durch diese weiblichen Arbeitskräfte auszuführen sind, und die hier mögliche Steigerung den Einsatz weiterer männlicher Kräfte in der mechanischen Bearbeitung rechtfertigt."

1942, dem ersten Jahr nach Schaffung der Behörde des Generalbevollmächtigten für den Arbeitseinsatz, hatte der Einfluss der Arbeitsämter schon zu einem erheblichen Austausch der Belegschaft geführt.

Im Laufe des Jahres 1942 verlor das Werk 92 deutsche Männer, 14 deutsche Frauen und 29 ausländische Männer. Ersetzt wurden sie durch 68 sowjetische Kriegsgefangene, 26 andere ausländische Männer, 23 deutsche Männer und sechs deutsche Frauen. Im Bericht der Ausschusssitzung vom 28. Januar 1943 über das Jahr 1942 wird beklagt: „Gerade in der Fahrzeugfabrik, welche vielfach - das kann man beinahe sagen - als Ausbeutungsobjekt der Arbeitsämter und Auskämmkommissionen gewesen ist, zeigen die Kurven ganz besondere Wandlungen. An diesem ist zu sehen, wie die Gefolgschaft einem geradezu unerträglichem Wechsel unterlegen ist, welchen wir trotz aller Kämpfe nicht verhindern konnten."[74] Damit ist die Konfliktsituation gegenüber dem Arbeitsamt klar herausgestellt.

---

[74] Landesarchiv Berlin. Rep. 250-03-02. Nr. 27.

Das Werk versuchte deshalb möglichst aus verschiedenen Gruppen Arbeitskräfte zu rekrutieren. Die Lehrlingsausbildung wurde ebenso verstärkt, wie die Schulung der Ausländer: „Auf dem Gebiet der Nachwuchsfrage haben wir im letzten Jahre wieder sehr viel gewirkt. Die Lehrlingswerkstatt war einigermaßen gefüllt und hat ihre Aufgabe darin gesehen, die jungen Leute gründlich auszubilden und sie sobald wie möglich den Engpässen der Fabrikation, besonders den Werkzeugmachereien, zuzuführen, wo sie aber unter der Lenkung der Lehrwerkstatt bleiben, bis sie ausgelernt haben. Der Anlernung und Umschulung von Ausländern haben wir unsere besondere Aufmerksamkeit gewidmet und haben viele gute Ergebnisse dabei erzielt. Selbst in die Munitionsfabriken sind in erheblichem Maße die Ausländer eingezogen."

All diese Überlegungen hatte das Werk schon in dem Jahr vor Schaffung der Arbeitseinsatzingenieure angestellt.

Sinn, Zweck und Aufgaben der Arbeitseinsatzingenieure leuchteten wohl nicht von Beginn an allen Betriebsführern und wohl auch nicht den dazu Berufenen immer ein. Offenbar herrschten Unsicherheiten über Befugnisse, sowie Interessenkonflikte mit den Betriebsführern einerseits und den Arbeitsämtern andererseits. Bis zur Jahresmitte 1944 folgten deshalb regelmäßig wiederholte Instruktionen und Abgrenzungen des Aufgabenbereichs.

Über das Verhältnis von Unternehmen und den Arbeitseinsatz-Ingenieuren zu den Arbeitsämtern gibt ein Vortrag des Präsidenten und Leiters der Arbeitsamtes Dresden, Link, Auskunft, über den der Bezirks-Arbeits-Einsatzingenieur am 21. Juli 1944 im Rundschreiben Nr. 50 die Betriebseinsatz-Ingenieure unterrichtete: [75]

„Ein enges und vertrauliches Zusammenarbeiten mit den Arbeitsämtern ist unerläßlich. Er soll mit dafür sorgen und dafür bürgen, daß die Arbeitseinsatzpolitik der Arbeitsämter in den Betrieben ihre gradlinige Fortsetzung findet, daß

---

[75] Landesarchiv Berlin. Rep. 250-03-06 Nr. 94, Bl.52.

nicht etwa der Betrieb durch einen zu weit getriebenen Betriebsegoismus in Gegensatz zu den Grundlinien und Anforderungen des Arbeitseinsatzes gerät, und daß durch den betrieblichen Arbeitseinsatz die Leistungskraft des Betriebs höchstmöglich gesteigert wird."

Der Präsident beeilte sich aber, den Verdacht zu zerstreuen, die Arbeitsämter wollten mit den Einsatz-Ingenieuren Spione in die Betriebe einschleusen:

„Der A.-I. soll nicht den Betriebsführer, sondern den Arbeitseinsatz im Betrieb überwachen."

Die Bestellung der Arbeitseinsatzingenieure sei aber notwendig, da die Betriebsführer angesichts ihrer sonstigen Belastung den Fragen des betrieblichen Arbeitseinsatzes vielfach nicht das notwendige Interesse und Verständnis entgegenbrächten und einer Unterstützung bedürften.

„Richtiger Ansatz der Kräfte, eine gediegene Grundausbildung sowie fortlaufende Anlernung und Fortbildung ergeben die Notwendigkeit innerer Verbindung mit der Arbeit und führen zur Leistungssteigerung."

Hier wird die betriebliche Schulung in den Mittelpunkt der Aufgaben des Arbeitseinsatzingenieurs gerückt. Deutlich wird aber auch gesagt, wessen Diener der Arbeitseinsatzingenieur hauptsächlich sein soll:

„Es ist Pflicht der A.-I. und der Betriebsführer, die neue Einrichtung zur größtmöglichen Entfaltung zu bringen; daher haben auch die Arbeitsämter ein so großes Interesse daran, daß die A.-I. sich als verlängerter Arm ihrer Arbeitseinsatzpolitik erweisen und für höchstmögliche Leistungsentfaltung der vom Arbeitsamt zugewiesenen Kräfte sorgen."

Die Beschäftigtenmeldungen, die die Betriebsführer in Zusammenarbeit mit den Arbeitseinsatzingenieuren monatlich dem Rüstungskommando und den Arbeitsämtern zuleiteten, dienten den staatlichen Behörden zur Überwachung der innerbetrieblichen Verhältnisse.

„Die Beschäftigtenmeldung ist nicht Selbstzweck, sondern Mittel zum Zweck. Die Auswertung muß im Betriebe beginnen, sie wird beim Rüstungskommando und beim Arbeitsamt fortgesetzt, um als dann bei der Rüstungsinspektion und beim Reichsminister für Rüstung und Kriegsproduktion selbst als Unterlage für wichtige Entschließungen zu dienen. Forscht man bei der Erörterung der auf den einzelnen Arbeiter entfallenden Stundenzahl nach den Gründen einer unter dem Durchschnitt liegenden Stundenzahl und ergeben sich unbegründete Fehlstunden als Ursache, dann liegt die Frage nahe, wie der Betrieb von den innerbetrieblichen Erziehungsmitteln Gebrauch gemacht hat, ob die Nahrungsmittel-zulagekarten, wenn die Voraussetzungen dafür gegeben sind, entzogen werden."

Die Arbeitsämter konnten den Einsatz ziviler und kriegsgefangener Facharbeiter und deren Verwendung in den Betrieben überwachen. Doch selbst ein halbes Jahr nach Schaffung des A-I. war es aus Sicht Speers zu keiner spürbaren Effizienz gekommen. Der Reichsminister für Rüstung und Kriegsproduktion äußerte sich am 23. Dezember 1943 in einem als vertraulich deklarierten Rundschreiben zur Ausbildung von Kriegsgefangenen.[76] Immerhin waren nun schon 18 Monate vergangen, seitdem Fritz Sauckel erstmals das Anlernen eingefordert hatte:

„Ich habe in den letzten Monaten die Feststellung treffen müssen, daß die Leistung der Kriegsgefangenen fast durchweg erheblich hinter der des deutschen Arbeiters zurückbleibt. Die Betriebe werden naturgemäß nicht selten eine nach Vorbildung, Kenntnissen und Fähigkeiten bunt zusammengesetzte Gruppe von Kriegsgefangenen zur Arbeit zugewiesen erhalten. Um diese wirklich nutzbringend und zweckentsprechend einzusetzen, wird sich bei Arbeiten, die einige Kenntnisse und Fertigkeiten voraussetzen, eine Ein- oder Umschulung nicht immer umgehen lassen. Eine solche ist daher, wenn notwendig und möglich, unverzüglich durchzuführen. Hierbei hat es sich als zweckmäßig herausgestellt, mit einer Grundschulung zu beginnen, um den Kriegsgefangenen möglichst vielseitig verwenden zu können und dann zu Sonderlehrgängen überzugehen. Die Schulung muß sowohl die praktische als auch die theoretische Seite umfassen. Hierzu gehört auch der Unterricht in der deutschen Sprache, soweit sie im Arbeitsleben benötigt wird."

So hatte sich sechs Monate nach Schaffung der Arbeitseinsatzingenieure immer noch keine flächendeckende innerbetriebliche Schulung herbeiführen lassen. Stets jedoch kamen die Anordnungen der Ministerien in Betrieben erst mit erheblicher zeitlicher Verzögerung an. Auch dieses ausschließlich für Betriebsführer bestimmte Schreiben vom 23. Dezember 1943, das nicht im Nachrichtenblatt veröffentlicht wurde, trägt bei dem IG Farben-Werk Wolfen den Eingangsstempel vom 6. März 1944. Speers Kritik stützt sich auf den Vergleich von Leistungsangaben zwischen Deutschen sowie zivilen und kriegsgefangenen Ausländern. Er fordert hier, dass ausländische Kräfte die gleiche Leistung bringen sol-

---

[76] Landeshauptarchiv Sachsen-Anhalt, Rep I, IG Farben Wolfen Nr. 2004, Blatt 67-70, Eingang bei IG Farben am 6. März 1944.

len. Sicherlich ging er von der Zuverlässigkeit der Angaben aus, da diese ja nun von den Arbeitseinsatzingenieuren ermittelt worden waren.

Die Ermittlung der Leistung der ausländischen Arbeitskräfte beruhte vielfach auf reiner Schätzung - und die Arbeitseinsatzingenieure, die ja weiterhin ihren regulären Beruf ausübten, machten sich nicht unbedingt Arbeit damit. Ein Beispiel der Firma IG Farben Wolfen aus der Erhebung vom Herbst 1943, auf deren Ergebnisse Speer im Dezember Bezug nehmen sollte. Der Bezirks-Arbeitseinsatz-Ingenieur verlange Angaben über den durchschnittlichen Leistungswert der Ausländer im Verhältnis zur deutschen Normalleistung, teilte der Arbeitseinsatzingenieur der IG Farben Wolfen am 27. Oktober 1943 den Abteilungen mit und empfahl betriebsintern folgendes Verfahren: Ersetzten an einem Betriebspunkt fünf Ausländer vier Deutsche, dann erbrachte jeder Ausländer eine Leistung von 80 Prozent. Dies war vollkommen unabhängig von ihrer tatsächlichen Leistung oder ihres Arbeitsverhaltens.

3.2. Die Überwachung des Anlernens durch die Arbeitsämter während des letzten Kriegsjahres

Ein spürbarer Druck lastete auf den Betrieben in der Anlernfrage erst zur Jahresmitte 1944 hin. Auch jetzt blieben die Anstrengungen hinter den Erwartungen der Politik zurück. Dennoch finden sich für das letzte Kriegsjahr in zahlreichen Betrieben Beispiele für umfangreiche Anlernmaßnahmen.

Im Februar 1944 arbeiteten 159 Kriegsgefangene in dem Betrieb Sörnewitz der Siemens Schuckertwerke - darunter 46 kriegsgefangene Facharbeiter und 40 Metallfacharbeiter. „Umschüler" wurden zum Hilfsschlosser, Hilfsdreher und Montagearbeiter ausgebildet.[77] Im Februar 1944 wurde der Betrieb vom Sonderprüfungsausschuss überprüft. Der Betrieb Siemens-Elektrowärme zählte 46 kriegsgefangene Facharbeiter von 214 Facharbeitern insgesamt, davon 40 Metallfacharbeiter von 190 Metallfacharbeitern insgesamt. 113 Kriegsgefangene waren jedoch ungelernt. Insgesamt zählte der Betrieb 996 Beschäftigte. Auftraggeber waren vor allem Heereswaffenamt, Reichsluftfahrtministerium, Reichsbahn und der Bergbau.

Aus der Niederschrift über die Betriebsüberprüfung der Firma SEG durch den Sonderprüfungsausschuss vom 28. Februar 1944 ist zu ersehen, dass an den Verhandlungen zwei Direktoren, ein Prokurist, der Mobbearbeiter und der Arbeitseinsatzingenieur teilnahmen. Die Überprüfung erstreckte sich auf die Beschäftigtenlage des Betriebes, den Arbeitskräfteeinsatz und die gestellten Kräfteanforderungen. Die Frage nach weiteren Umschulungen stellte sich danach nicht, denn: „Der Anteil der Facharbeiter erscheint im Hinblick auf die Fertigungen hoch. Im Werkzeugbau sind 70 Facharbeiter, 29 angelernte Arbeiter und zwei Frauen eingesetzt." Allerdings legte der Prüfungsausschuss einen Beschluss vor, die

---

[77] Sächsisches Hauptstaatsarchiv Dresden, Siemens Sörnewitz, Personalakten SEG Nr.85 und Nr. 86.

Arbeitszeit der Kriegsgefangenen und der ausländischen Frauen auf 60 Stunden in der Woche zu erhöhen.[78]

In manchen Werken nahm das Anlernen nun einen großen Umfang an. Das Quellenmaterial zeigt dabei leider oft Lücken hinsichtlich der Abläufe und Inhalte. Die sächsischen Gussstahlwerke Freital beschäftigten zwischen Juni 1942 und Kriegsende 1199 sowjetische Kriegsgefangene.[79] Das Unternehmen bildete ausländische Arbeitskräfte und Kriegsgefangene verschiedener Nationalität in mehreren Ausbildungs- und Lehrwerkstätten aus. Die ,,Sowjetischen Ausbildungswerkstatt Maschinen" war neben den Werkstätten für holländische und polnische Arbeitskräfte die größte. Hier wurden zum Beispiel im Zeitraum März 1945 103 Gefangene ausgebildet. Wie groß der Bedarf an Metallfachwerkern gegenüber anderen Berufsgruppen war, zeigt der Vergleich zu der Kapazität der ,,Ausbildungswerkstatt Elektro" für sowjetische Kriegsgefangene. Hier wurden im gleichen Zeitraum lediglich zwölf Personen angelernt. Für die sowjetischen Kriegsgefangenen und Zivilarbeiter gab es zwei sogenannte Gasthöfe, den ,,Russen Gasthof Gittersee" und den ,,Russen Krilles Gasthof". Ebenso wie ,,Küche und Verwaltung" der sowjetischen Arbeitskräfte, wurden die Gasthöfe von ihnen selbst bewirtschaftet. Wie die Übersicht in der Anmerkung zeigt, arbeiteten sowjetische Arbeitskräfte in allen Betrieben der Gussstahlwerke Freital.[80]

---

[78] Nr. 41, Blatt 195/196.

[79] Sächsisches Hauptstaatsarchiv Dresden, 7.0.5. Sächsische Gussstahlwerke Freital AG Nr. 120.

[80] Kriegsgefangene in Betrieben der Gussstahlwerke Freital. Zahlen von März 1945. In Klammern April 1945: **Sowjetische** Ausbildungswerkstatt Maschinen 103 (101), Ausbildungswerkstatt Elektro 12 (12), Bahnbetrieb 4 (4), Bauabteilung 67 (65), Bearbeitungswerkstatt 94 (91), Glüherei 14 (14), Hammerwerk 19 (20), Kesselhaus 10 (10), Kanusschmiede 13 (13), Russen-Lehrwerkstatt 15 (14), Materialkontrolle 1 (1), Maurer 10 (10), Platzbetrieb 22 (22), Preßwerk 50 (29), Russen Gasthof Gittersee 8 (8), Russen Krilles Gasthof 15 (15), Küche und Verwaltung Russenlager 26 (26), Seilbahn 15 (15), Blockhobelei 5 (5), Stahlwerk 62 (61), Gaszentrale 13 (13), Walzwerk 52 (52), Zieherei 36 (49).
Holländische Ausbildungswerkstatt 1, Bauabteilung 47, Elektroabteilung 1, Lehrwerkstatt 15, Seilbahn 5, Stahlwerk 2, **Polnische** Ausbildungswerkstatt

Von den 1199 Kriegsgefangenen, die bis April 1945 dort arbeiteten starben elf im Betrieb, 27 flüchteten, 13 wurden von der Gestapo verhaftet und in das Stammlager Burg Hohnstein deportiert. Im April 1944 meldeten sich vier Kriegsgefangene zur Heimatflack. Zwischen August 1944 und Januar 1945 gingen 28 zur Freiwilligenarmee. Es gab durch das Arbeitsamt zahlreiche Versetzungen in Freitaler Stahlbetriebe aber offensichtlich keine Versetzungen in andere Branchen oder außerhalb Freitals.

Im Werk Riesa der Mitteldeutschen Stahlwerke AG wurde in Fertigungsgruppen produziert für [81] das Schienenfahrzeugprogramm der Reichsbahn, das Mineralölprogramm, den Bergbau, und Torpedo-Ausstoß-Rohre für den U-Boot-Bau.[82] In vierwöchigen „Umschulungen" lernten die Mitteldeutschen Stahlwerke AG Riesa zum Metallfachhandwerk an. Die allergrößte Zahl der Angelernten entfiel auf deutsche Beschäftigte. Im Stahlwerk waren zu Jahresbeginn 1943 neben 100 gelernten deutschen Facharbeitern, 267 angelernte Deutsche beschäftigt, aber nur sieben gelernte Ausländer und elf angelernte Ausländer. Das Stabeisenwalzwerk zählte 50 gelernte deutsche Facharbeiter und 359 angelernte Deutsche. Angelernte Ausländer gab es in diesem Betriebsteil insgesamt 60. Es gab diverse weitere Abteilungen, in denen die Deutschen dominierten und die Zahl der angelernten Ausländer gering war. Seit September 1943 meldete das Werk an das Arbeitsamt Riesa über Metallfacharbeiterausbildungen unter den 100 sowjetischen Kriegsgefangenen und Italienern (Militärinternierte). Auf Erhebungsbögen ermittelte das Arbeitsamt für die Wirtschaftsstatistiken zur „Gewinnung von Metallfacharbeitern".[83] Unter dieser „Gewinnung" verstand man „betriebliche Um-

---

Maschinen 16, Elektro-Abteilung 4, Bauabteilung 40, Lehrwerkstatt Polen 2, Lager Wettingrund 2, Maurer Werkstatt 7, Stahlwerk 1, Zieherei 1.

[81] Sächsisches Hauptstaatsarchiv Dresden, 7.0.3. Mitteldeutsche Stahlwerke AG Riesa Nr. 15.13.

[82] Stand vom 31. Januar 1943 mit 4570 Beschäftigten.

[83] Der Erhebungsbogen „Statistik über die Gewinnung von Metallfacharbeitern durch Umschulung und Anlernung" wurde gemäß Verordnung vom 13. Februar 1943 durch den Statistischen Zentralausschuss genehmigt.

schulungen- und Anlernmaßnahmen" für all diejenigen, die im Laufe des Monats neueingestellt und zu einer Tätigkeit als Metallarbeiter eingesetzt wurden, die sie zuvor nicht ausgeführt hatten. Zweitens fielen diejenigen darunter, die an „außerbetrieblichen Umschulungs- und Anlernmaßnahmen" teilnahmen. Erfasst wurden sowohl Inländer als auch zivile und kriegsgefangene Ausländer, die die Umschulung mit „Erfolg" abgeschlossen hatten.[84]

Die Nationalitäten und der Status spielten für Arbeitsämter zunehmend keine Rolle mehr. Bedeutend war die absolute Zahl der in Schulungen befindlichen Personen. Im Werk Riese wurden alle verfügbaren Gruppen angelernt.

Die Abteilung Wirtschaftsstatistik des Arbeitsamtes Riesa erfasste am 6. Oktober 1943 alle Personen in Inner- und außerbetrieblichen Umschulungs- und Anlernmaßnahmen. Im September hatten sich sechs Deutsche, 17 deutsche Frauen, 16 Ostarbeiter, ein ziviler Ausländer und 45 Kriegsgefangene in innerbetrieblicher Umschulung befunden. Im Oktober 1943 wurden 83 Kriegsgefangene, acht Deutsche, sechs Ostarbeiter, 21 zivile ausländische Arbeitskräfte innerbetrieblich umgeschult. Im Dezember 1943 waren 47 Kriegsgefangene, drei Deutsche, zehn Ostarbeiter, sieben inländische Arbeitskräfte, insgesamt 67 Personen in innerbetrieblichen Umschulungen.

Die Abteilung Wirtschaftsstatistik und der Betriebs-ArbeitseinsatzIngenieur des Stahlwerkes Riesa forderten die Betriebe des Werkes seit 15. August 1944 dreimal im Monat auf, die Zahl der Umschulungen für das Arbeitsamt nach Anordnung des G.B.A. bekanntzugeben. Als Umschulung verstand man dabei auch die „Umsetzung von Arbeitskräften von geringwertigen auf höherwertige Arbeitsplätze". Als Beispiele wurden Umsetzungen vom „Schlepper zum Walzer", vom „Bieger zum

---

[84]   Sächsisches Hauptstaatsarchiv Dresden, Stahl- und Walzwerk Riesa Nr. 15.13.

Schweißer", vom „Fräser zum Dreher" oder auch vom „vierten zum zweiten Kokillenmann" angeführt.

Im August 1944 lernten 47 Kriegsgefangene, fünf Deutsche, vier Ostarbeiter, zwei zivile ausländische Arbeitskräfte. „Auf Anweisung des Generalbevollmächtigten für den Arbeitseinsatz und im Einvernehmen mit dem RM für Rüstung und Kriegsproduktion. muss ich auch für den Monat Oktober 1944 den infrage kommenden Betrieben ein Einweisungssoll in die Anlernmaßnahmen auferlegen. Ich muss darauf bestehen, im laufenden Monat wiederum Einweisungen in die Anlernung vorzunehmen. Das endgültige Einweisungskontingent für den Monat Oktober 1944 wird mir noch bekanntgegeben."[85]

Die Betriebe sahen sich gezwungen, diesem Soll nachzukommen, wollten sie nicht bei anderer Gelegenheit durch das Arbeitsamt einen Nachteil erleiden: „Wir werden uns bemühen, im laufenden Monat weitere 50 Arbeitskräfte auf Anlern- und Umschulungsplätze zu stellen", meldete das Stahlwerk Riesa am 11. Oktober 1944 an den Leiter des Arbeitsamtes Riesa. „Die Umsetzung von geringwertigen auf höherwertige Arbeitsplätze" dürfte den Betrieben aber genügend Spielraum gelassen haben, um den Sollforderungen zumindest auf dem Papier gerecht zu werden. So wurde im letzten halben Jahr die Anzahl der Schulungen erhöht.

Die Abteilung Behälterbau hatte im ersten Drittel des Oktober 1944 insgesamt 74 Ausländer in Umschulungs- und Anlernmaßnahmen insgesamt. Im letzten Monatsdrittel waren das fünf Kriegsgefangene, zehn männliche zivile Ausländer und elf weibliche zivile Ausländer, insgesamt 26 Personen. 52 Personen hatten die Umschulung noch nicht abgeschlossen. Die Meldungen zur Wirtschaftsstatistik wiesen für das Martinswerk im Oktober 1944 27 Kriegsgefangene und 14 zivile Ausländer in Umschulungen aus.[86] Im Rohrwerk arbeiteten darüber hinaus 30 Kriegs-

---

85 Sächsisches Hauptstaatsarchiv Dresden, Stahl- und Walzwerke Riesa, Nr. 15.13.
86 Sächsisches Hauptstaatsarchiv Dresden, Stahl- und Walzwerk Riesa Nr. 15.13,

gefangene als Walzer, Schlepper, Zangenfahrer, Einsetzer, Roller und Schlosser. Doch zum Jahresende 1944 standen kaum noch größere Arbeitskräftegruppen für das Anlernen bereit. Im Januar 1945 waren noch sieben Personen in Umschulung, neun hatten mit Erfolg abgeschlossen. Im März 1945 wurden nur noch vier Umschüler gezählt. Im April 1945 war im Stahl- und Walzwerk Riesa noch ein Kriegsgefangener in einer Umschulungsmaßnahme. Ein weiterer hatte die Umschulung ,,mit Erfolg abgeschlossen".

Im Verlauf des Jahres 1944 schlugen die Arbeitsämter gerade gegenüber rüstungsrelevanten Betrieben einen scharfen Ton zu den Anlernmaßnahmen an und drohten, ihnen Kontingente an Umschülern aufzuerlegen.

Nachdem auch bislang als unabkömmlich gestellte Deutsche zur Wehrmacht eingezogen worden waren, forderte das Arbeitsamt Teltow den Betriebsführer der Heinrich List Werke für Elektrotechnik und Mechanik in Berlin-Fürstenwalde am 31. Juli 1944 wie alle Betriebe im Bezirk auf, Anlernmaßnahmen für Ausländer auszuweiten und den Stand der Maßnahmen zu melden. Als ,,Anlernung" betrachtete man jetzt eine Maßnahme, die die ,,Kräfte in acht bis zwölf Wochen so heranschult, dass sie in der Lage sind, auf Teilgebieten Facharbeiten zu verrichten und hier einen vollwertigen Ersatz für die abzugebenden Facharbeiter bilden." Die Heinrich List Werke in Fürstenwalde äußerten sich dazu wie folgt: ,,Soweit bisher Zuweisungen von neuen Arbeitskräften, insbesondere Ausländern erfolgt sind und uns noch weiterhin zugehen, durchlaufen dieselben ohne Ausnahmen einen Anlernprozess entsprechend ihrer Eignung. Insbesondere sind hierbei die erfolgreichen Maßnahmen bei Ostarbeitern zu bemerken. Es ist auf diesem Wege erreicht worden, dass einzelne Fertigungsgruppen ausschließlich mit angelernten Kräften besetzt werden konnten."

Martinwerk am 27. November 1944.

Dennoch beklagte das Werk am 9. August 1944 den Abzug von unabkömmlich gestellten Facharbeitern an die Ostfront. Als neues Kontingent an Facharbeitern kamen sowjetische Kriegsgefangene und zivile Ostarbeiter nach der veränderten Kriegslage aber längst nicht mehr in Frage. Vielmehr stellte die Deutsche Arbeitsfront die Beschäftigung von deutschen Hausfrauen in Aussicht. Der „Neue Fraueneinsatz" sollte sofort mit einem umfangreichen Anlernkatalog bewährter DAF-Lehrgänge starten. Dazu war Schulungsmaterial im Angebot. Ein elektrotechnischer Betrieb wie Heinrich List sollte sie zu folgenden „Anlerngängen" zu Facharbeiterinnen heranbilden: Einführung in die Schlosserarbeiten, Anlerngänge Hilfsschlosser, Drehen, Fräsen und Messen. Fortgeschrittene bot sich der Grundlehrgang „Eisen erzieht" an, sowie der Grundlehrgang mechanische Metallbearbeitung an Werkzeugmaschinen zum Fräsen, der Grundlehrgang Messen im Maschinenbau, Gasschmelzschweißen, Bohren, Senken, Reiben und der Grundlehrgang für Elektrotechnik.

Dazu wurde geworben:

> „Für die Rüstungsindustrie dürfte die Aufnahme von Frauen in die Fertigung keine unlösbaren Probleme mit sich bringen, liegen doch aus den letzten Jahren umfangreiche Erfahrungen vor. Bei den neu in die Betriebe kommenden Arbeitskräften handelt es sich einmal um Mädel und Frauen aus anderen Tätigkeiten und Berufen, die wegen ihrer augenblicklichen Unwichtigkeit nicht ausgeübt werden, zum anderen um Gefolgschaftsmitglieder stillgelegter Betriebe, der Rest besteht aus Hausfrauen." [87]

Parallel mit der Überwachung verstärkte der Reichsminister für Rüstung und Kriegsproduktion den Druck auf Betriebe, die Instrumente der Deutschen Arbeitsfront zur betrieblichen Schulung und Umschulung wahrzunehmen. Hierzu zählte der so genannte Refa-Grundlehrgang (Refa = Reichsausschuss für Arbeitsstudien). Die Führungsfähigkeiten von Vorarbeitern sollten verbessert werden. So war zum Beispiel die Firma Heinrich List, Werke für Elektrotechnik in Berlin-Teltow am 27. September 1944 durch den Gauobmann der Gauverwaltung der DAF aufgerufen, Unterführer für den Refa-Grundlehrgang zu melden, der vom 16. bis zum

---

[87] Landesarchiv Berlin, Rep. 250-0306, Nr. 83.

21. Oktober 1944 im Leistungsertüchtigungswerk von Frankfurt/ Oder stattfinden sollte. Angemeldet werden mussten zwei Prozent der Gesamtbelegschaft. Zu dieser zählten auch alle zivilen Ausländer und Kriegsgefangene. Die Kosten von 80 Mark pro Person hatte der Betrieb zu leisten. Die Firma Heinrich List meldete 25 Personen - ausschließlich Deutsche - beim Bereichs-Arbeitseinsatz-Ingenieur an. Dieser arbeitete selbst für die Chemische Fabrik Röhm und Haas GmbH in Mittenwalde. Oberste Kontrolle über den Vorgang hatte der Bezirks-Arbeitseinsatz-Ingenieur IIIb, der direkt dem Reichsminister für Rüstung- und Kriegsproduktion unterstellt war. Zahlreiche Betriebe im Bezirk kamen der Aufforderung jedoch nicht nach und meldeten niemanden an.

Die Reaktion des Bezirks-Arbeitseinsatz-Ingenieurs vom 22. November 1944 an alle Betriebs-Arbeitseinsatz-Ingenieure verdeutlicht den Druck, unter dem diese mittlerweile standen:

„Infolge des Verhaltens mancher Betriebe sehe ich mich gezwungen, Sie als Betriebs- , bzw. Bereichs-Arbeitseinsatz-Ingenieur darauf hinzuweisen, daß es ein ausdrücklicher Befehl des Herrn Ministers für Rüstungs- und Kriegsproduktion ist, wodurch jeder Betriebsführer verpflichtet ist, den Unterführern die Möglichkeit zu geben, an den Refa-Informationslehrgängen teilzunehmen. Daß es überhaupt noch einen Betrieb gibt, der glaubt, diese Dinge beträfen ihn nicht, hat mich sehr verwundert. Daß in einem anderen Betriebe die Teilnehmer gemeldet sind, jedoch die Herren Meister und Betriebsleiter sich nicht dazu bequemen, mit Vorarbeitern zusammen den Lehrgang zu besuchen, läßt auf mangelnde Führungsfähigkeit schließen. Refa ist kein Akkordsystem sondern ein Gedankengut und überall dort anzuwenden, wo Menschen arbeiten."[88]

Gleichzeitig, in denselben Wochen, erhöhte das Arbeitsamt Teltow den Druck auf dieselben Betriebe. „Sofortige Verstärkung aller Anlernmaßnahmen zwecks Freimachung uk-gestellter Kräfte aus der Rüstung", lautete die Aufforderung, die das Arbeitsamt in nahezu gleichlautend scharfem Ton am 31. Juli, am 1. September und 29. September 1944 an die Betriebe verschickte.[89] Der Inhalt macht deutlich, dass viele Betriebsführer das Anlernen trotz Drohungen auch im letzten Kriegsjahr ignorierten.

---

[88] Landesarchiv Berlin, Rep. 250-03-06, Nr. 83, Blatt 79-87.
[89] Landesarchiv Berlin, Rep. 250-03-06, Nr. 83. Blatt 175-190.

„Mit meinen vorgenannten Schreiben habe ich darauf hingewiesen, daß die ständige Verschärfung der Einsatzlage dazu zwingt, die Anlernmaßnahmen in den Betrieben wesentlich auszuweiten und zu intensivieren. Die Kriegslage macht in den nächsten Wochen erneut die Abgabe einer großen Zahl uk-gestellter Arbeitskräfte an die Wehrmacht erforderlich. Die Ausweitung der Anlernmaßnahme muß daher dem Tempo der Kriegsnotwendigkeiten angepasst werden. Die Anlernung hat wie bisher so zu erfolgen, dass die Kräfte in acht bis zwölf Wochen so herangeschult werden, dass sie in der Lage sind, auf Teilgebieten Facharbeiten zu verrichten und hier einen vollwertigen Ersatz für die abzugebenden Facharbeiter bilden.

Der Generalbevollmächtigte für den Arbeitseinsatz hat meinem Amtsbezirk ein monatliches Soll auferlegt, daß in den Anlernmaßnahmen der Betriebe in allen Fällen aufgebracht werden muß. Ich bin gehalten, diese Maßnahme zu überwachen und erforderlichenfalls im Einvernehmen mit dem Rüstungskommando den Betrieben Kontingente aufzuerlegen.

Einige Betriebe haben es überhaupt unterlassen, zu antworten, andere wiesen auf die auch mir bekannten Schwierigkeiten hin, die meisten forderten von mir zusätzliche Arbeitskräfte, damit sie die freien Anlernplätze besetzen können. Obwohl ich ausdrücklich darauf hingewiesen habe, daß die angeordnete Durchführung der Anlernmaßnahmen nicht von einer Zuweisung von Arbeitskräften abhängig gemacht werden kann, der Betrieb vielmehr die Anlernmaßnahmen durchführen müsse. Und nur wenige haben dem Gebot der Stunde sichtbar entsprochen, doch sind auch hier die Meldungen leider nicht mehr ausreichend klar."

Entweder war es bis September 1944 tatsächlich nicht gelungen, Betrieben den Sinn und Zweck des Anlernens bekannt zu geben und plausibel zu machen. Oder sie ignorierten dieses Thema aus mehrerlei Gründen hartnäckig. Eine Verweigerungshaltung ist hier klar zu erkennen. Einen der Gründe sprach der Arbeitsamtsleiter selber an: „Zum Schluss will ich hervorheben, dass ich, wenn auch die Durchführung der Anlernmaßnahmen unabhängig von der Zuweisung von Arbeitskräften erfolgen muss, selbstverständlich nichts unversucht lassen werde, um den zusätzlichen Kräftebedarf der Betriebe zu befriedigen und bin überzeugt, dass auch die Betriebsführer nunmehr den Anlernmaßnahmen die erforderliche Beachtung schenken werden." Der Amtsleiter vermutete, dass ihn die Betriebsführer wegen ausbleibender Kräftezuweisungen bewusst hatten hängen lassen.

Zu offensichtlich auch wurde im letzten Kriegsjahr vom „vollwertigen Ersatz" für deutsche Facharbeiter gesprochen, den die Anlernmaßnahme heranbilden sollte: „Die fachliche Aufschlüsselung hat entsprechend den betrieblichen Bedürfnissen, der beruflichen Struktur der Uk-gestellten zu erfolgen." Die von der Deutschen Arbeitsfront 1943 in Propagandatexten und Merkblättern noch sorgfältig herausgestrichene angebliche Überlegenheit des deutschen Facharbeiters gegenüber angelernten Ausländern, wurde jetzt fallen gelassen. Betriebsführer bemühten sich, ihre uk-gestellten Leute so lange wie möglich vor der Einberufung zu bewahren. Letztendlich dürften die deutschen Belegschaften das Anlernen der Ausländer als eine gegen die eigenen Interessen gerichtete Maßnahme entlarvt haben.

Kritik am Anlernen der Ausländer wurde offen ausgesprochen und brach nicht ab. Nicht nur innerhalb der deutschen Belegschaften wurde die Ausbildung von Ausländern und Kriegsgefangenen argwöhnisch aufgenommen. Es gab Betriebsführer und Werksleitungen, die sich dem verweigerten. Von „stark überfremdeten Betrieben" im Untertagebergbau mit mehr als 50 Prozent Ausländern sprach selbst der Reichswirtschaftsminister und empfahl einen Austausch zwischen deutschen und ausländischen Belegschaftsmitgliedern in Werken, in den der Ausländeranteil im Grubenbetrieb noch unter 25 Prozent lag:

> „Die Erhöhung des deutschen Belegschaftsanteils ist Voraussetzung für einen weiteren Einsatz von Ausländern und Kriegsgefangenen. Außerdem ist es zur Steigerung der Produktion notwendig, daß eine Angleichung des deutschen Belegschaftsanteils in den einzelnen Bergbaubetrieben durch Verlegungen von deutschen Bergleuten in stark überfremdete Betriebe durchgeführt wird."[90]

Ganz anders als Rüstungsbetriebe, die primäre Unterstützung der politischen Führung erhielten, gingen einige Bergwerksunternehmen gegen Sauckels Maßnahmen direkt an. Sie richteten ihre Kritik am wirkungsvollsten an die Oberbergämter. Das Bergwerk Krügershall der Burbach Kaliwerke AG verweigerte am 14. Mai 1943 in einem Schreiben an das

---

[90] Landeshauptarchiv Sachsen-Anhalt, Rep. I. Burbach Kaliwerke Krügershall AG AI, KR Nr. 61, Seite 191/192.

Oberbergamt Halle eine weitere Erhöhung des Anteils von Ausländern. Im Grubenbetrieb war der Anteil Deutscher auf gerade noch 46 Prozent gesunken.

Zu diesem Zeitpunkt prüften Werke längst die Rekrutierung alternativer Arbeitskräftegruppen. Im Laufe des Jahres 1942 hatten die Bergmann-Elektrizitätswerke in Berlin-Wilhelmsruh 92 deutsche Männer, 14 deutsche Frauen und 29 ausländische Männer verloren. Ersetzt worden waren sie durch 68 sowjetische Kriegsgefangene, 26 ausländische Männer, 23 deutsche Männer und sechs deutsche Frauen. Im Bericht der Ausschusssitzung vom 28. Januar 1943 wurde über das zurückliegende Jahr 1942 geklagt: „Gerade in der Fahrzeugfabrik, welche vielfach - das kann man beinahe sagen - Ausbeutungsobjekt der Arbeitsämter und Auskämmkommissionen gewesen ist, zeigen die Kurven ganz besondere Wandlungen. An diesen ist zu sehen, wie die Gefolgschaft einem geradezu unerträgliche Wechsel unterlegen ist, welchen wir trotz aller Kämpfe nicht verhindern konnten."[91] Aus diesem Grunde sollte die Lehrlingsausbildung intensiviert werden. Die „Bekämpfung der Fluktuation und Abwanderung ausländischer Arbeitskräfte" war ein zentrales Thema bei den Buna-Werken in Schkopau 1943. Im Zeitraum vom 1. Juli 1940 bis zum 15. November 1943 waren 2746 angelernte Personen verschiedenster Nationalitäten wieder ausgeschieden, darunter 856, die in Metallberufen angelernt worden waren. Die größte Fluktuation gab es bei Deutschen und zivilen Ausländern, worunter auch die Zivilkräfte aus Osteuropa zählten. Auch 150 Wehrmachtsstrafgefangene hatte man angelernt und wieder abgegeben. Die geringste Fluktuation verzeichneten angelernte Kriegsgefangene. Von diesen hatte man nur drei abgegeben. Insgesamt war die Fluktuation weit höher und allein unter zivilen Ausländern insgesamt 8500 im selben Zeitraum betragen. Die Höchstzahl aller anwesenden ausländischen Kräfte war im November 1943 mit etwas mehr als 5000 erreicht. Im August 1943 hatte das Werk als alternative Arbeitskräftegruppe deutsche Frauen ins Auge gefasst. 859 waren angestellt, 400 weitere sollten als Halbtagskräfte folgen. Darüber hinaus sollten 300

---

[91] Landesarchiv Berlin, Rep. 250-03-02, Nr. 56, Blatt 22.

Kriegsversehrte verpflichtet werden.[92] Das IG Farben Werk Premnitz setzte im letzten Kriegsjahr ebenfalls auf Kriegsversehrte. Sie galten als längerfristig verfügbare Gruppe.[93]

---

[92] Landeshauptarchiv Sachsen-Anhalt, Rep. I Buna Werke Schkopau, Nr. 470. Seite 43.

[93] Brandenburgisches Landeshauptarchiv, Rep. 75. IG Farben Premnitz. Nr. 3189, Protokoll 6/44 vom 24. Mai 1944.

4. Disziplinierung und Gewalt am Arbeitsplatz trotz Anlernen

Das Beispiel des Werkes Böhlen der Braunkohlenbenzin AG zeigte bereits, dass das Anlernen nicht im Widerspruch zu Disziplinierung und Repressalien stand. Gerade in der Zeit, bevor das Anlernen über die Arbeitsämter angeordnet wurde, gab es viele Betriebe, die zwar anlernten aber Leistung gezielt durch Androhung von Gewalt erzwangen. Dabei verließen sie sich vorrangig auf deutsche Wachmannnschaften. Ein typisches Unternehmen ist die Leipziger Firma Rudolf Sack Landmaschinenbau AG in Sachsen. Von den dort 90 im März 1942 arbeitenden 90 sowjetischen Kriegsgefangenen hatte die Firma die erlernten Berufe erfasst und einen großen Teil der Männer auch „berufsrichtig" eingesetzt. Darunter waren neun gelernte Dreher, 14 Schmiede, 32 Schlosser, acht Mechaniker. 52 davon arbeiteten bei Sack als Maschinenschmiede, elf als Bohrer.[94] Die Anwendung von Gewalt am Arbeitsplatz wurde hier ausdrücklich begrüßt:

„Die gleichen Erscheinungen, die wir bei den französischen Kriegsgefangenen bemängeln mussten, beginnen auch bei den russischen Kriegsgefangenen aufzutreten. Die russischen Kriegsgefangenen werden bei uns in einer gesonderten Abteilung unter Aufsicht von einigen deutschen Arbeitern eingesetzt. Sie arbeiten an Schmiedemaschinen und in der Härterei. Anfänglich war die Leistung der russischen Kriegsgefangenen infolge Unterernährung gering. Sie erholten sich aber nach einer gewissen Zeit, daß es uns möglich war sie zusätzlich zu verpflegen und ihre Leistung zu steigern, sie waren willig und fügten sich den Anforderungen der Meister.

In letzter Zeit wird beobachtet, daß sie viel herumlaufen, sich häufig krankmelden und in ihrer Arbeit nachlassen. Durch entsprechend scharfes Zufassen seitens der Vorgesetzten der Firma Rudolf Sack konnten sie in Einzelfällen jedoch immer wieder zur Arbeit gebracht werden. Gegebenenfalls war es erforderlich, sie durch Schläge an ihren Arbeitsplatz zu bringen. Dabei mußten wir feststellen, daß die Wachmannschaft des Gefangenenlagers 235, Sack III in solchen Fällen nicht energisch durchgreifen, sondern sich sogar häufig an die Seite der russischen Kriegsgefangenen gegen den Vorgesetzten des Werks stellt. Einige

---

[94] Sächsisches Staatsarchiv Leipzig (StAL), Rudolf Sack Landmaschinen AG, Nr. 183, Blatt 38-40.

solche Fälle bringen wir in Abschrift zur Kenntnis. Wir bemerken hierzu folgendes:

Wir halten die Art und Weise, wie die Wachmannschaft gegen die russischen Kriegsgefangenen vorgeht, für zu milde und dazu geeignet, um die Disziplin der russischen Kriegsgefangenen zu untergraben. die Folgen dieses falschen Verhaltens der Wachmannschaften haben sich nun bereits auch gezeigt, wie in der Anlage dargestellt. Es wurde wiederholt festgestellt, dass die Wachposten die Pflicht vernachlässigen. Es besteht die Vorschrift, dass sie ihre Schusswaffe bei sich tragen. Diese Vorschrift wurde nicht immer befolgt. Auch hielten sich die Wachmannschaften in Räumen auf, in denen sie dienstlich nichts zu suchen hatten, wobei natürlich die Aufsicht der Russen grob vernachlässigt wurde. Es ist gar nicht zu verwundern, dass die Disziplin bei den Russen ebenfalls nachlässt.

Am Sonntag dem 10.05.42 hat sich die Wachmannschaft die Schlüssel zu den Booten geben lassen, um angeblich selbst zu rudern. Hinterher stellte sich heraus, daß an diesem Sonntag mit den Booten russische Kriegsgefangene auf dem Kanal bis über das Sacksche Grundstück hinaus gerudert sind. Der Betriebsobmann Beyer behauptet, dies gesehen zu haben."[95]

Bemerkenswert an diesem Zitat ist die Auffassung, die Wehrmachtsangehörigen würden nicht genügend disziplinieren, für die Kriegsgefangenen Partei ergreifen und für deren Unterhaltung in der Freizeit sorgen.

Dabei wird auch die Funktion offenbar, die diese Firma der Wehrmacht zuordnet, deren Aufgabe als Dienstleistung wahrgenommen wird. Die im Kriegsvölkerrecht festgeschriebene Rolle der Kriegsgefangenen, die nie „Mitarbeiter" sein dürfen, und die Aufgabe der Armee des Gewahrsamsstaates spielt für den Betrieb überhaupt keine Rolle mehr.

Die Firma Rudolf Sack beschäftigte im Mai 1942 darüber hinaus 352 französische Kriegsgefangene. Unter diesen sind im Juni und Juli 1942 zahlreiche Unfälle dokumentiert, darunter Verbrennungen, Quetschungen, Risswunden, Prellungen, was auf einen nicht besonders ausgeprägten Arbeitsschutz deuten lässt.[96] Jedoch beklagte Sack im Herbst

---

[95] Sächsisches Staatsarchiv Leipzig (StAL), Rudolf Sack Landmaschinen AG, Nr. 183, Nr. 196.
[96] StAL, Rudolf Sack, Landmaschinen AG, Nr. 196, Blatt 219.

1942, dass erkrankte Kriegsgefangene nach Lazarettaufenthalten, zu häufig nicht wieder in den alten Betrieb zurückkehrten, sondern vom Arbeitsamt anderen Unternehmen zugewiesen wurden. In diesem Zusammenhang bezieht sich Sack auf die Mühen des Anlernens im Betrieb und beruft sich auf den Erlass des Generalbevollmächtigten für den Arbeitseinsatz vom 14. September 1942, nach dem eingearbeitete und angelernte Kräfte nach Genesung in den betrieb zurückkehren sollten.[97]

Über besondere Vorfälle machten sich Betriebe Aktennotizen auch dann, wenn man diese nicht unbedingt gleich an Stellen außerhalb melden wollte, so am 15. Mai 1942 über die Produktivität und das Arbeitsverhalten von sowjetischen Kriegsgefangenen. Bei Rudolf Sack ersetzten Drohungen und das systematische Anlernen.

„In der Kanalschmiede hatte sich folgendes zugetragen: ,,Am Dampfhammer ist der Russe Nr. 126192 mit dem Schlagen von Eggezinken beschäftigt. Ein deutscher Arbeiter schlägt pro Tag ca. 1400 Stck. Am 13. Mai lag die Leistung des Russen bei ca. 290 Stück, davon waren auch noch 26 Stück unbrauchbar. Meister S. konnte am 14.5. das Zeitlupentempo des Russen nicht mehr mit ansehen und wollte ihm praktisch zeigen, wie gearbeitet werden muß. Der Russe war aber der Meinung, daß er genug arbeite und ließ die Zange gar nicht los, so daß Meister S. ihm dieselbe mit Gewalt entreißen mußte. Der Posten, der sich augenblicklich in der Schmiede aufhielt (OG G.) ergriff sofort Partei für den Russen und erklärte dem Meister. S. was er nur wolle, die Russen würden doch arbeiten. Einzelne Russen, wie z. B. Nr. 117755 und Nr. 132965 sind sogar so frech zu erklären, ,,so wie das Essen ist, so arbeiten wir. Diese beiden Russen hetzen auch noch die anderen arbeitswilligen anderen Russen auf."

Das vergleichsweise spärlich überlieferte Aktenmaterial der Waggonbau Görlitz offenbart eine ganz ähnliche Auffassung der Unternehmensleitung gegenüber den bei ihnen beschäftigten Kriegsgefangenen. Während sie den kriegsfangenen Franzosen die Selbstzubereitung des Essens ermöglichten, rühmten sie sich der Arrestzellen für sowjetische Kriegsgefangene und drohten ihnen mit Massenerschießung, als diese sich weigerten wegen schlechten Essens zu arbeiten.

---

[97] StAL, Rudolf Sack, Landmaschinen AG, Nr. 196, Blatt 316.

Ein Besprechungsbericht über den Gefangeneneinsatz zwischen drei Hauptleuten der Wehrmachtsverwaltung drei Kommandoführern und Mitarbeitern der Wumag vom 3. Februar 1943 vermittelt das Bild wohlwollender Zusammenarbeit zwischen Unternehmen und Wehrmachtsvertretern. Bemerkenswert sind die hier geschilderten Vorfälle, weil zu diesem Zeitpunkt das Anlernen als Instrument der Kriegswirtschaft bereits für alle Nationalitätengruppen angeordnet war. Hier wird deutlich, dass das Anlernen keinesfalls vor Repressalien, Gewalt und Mord schützte.

Die Leistungen der Franzosen und Belgier sei seit 1942 wesentlich besser geworden, nachdem man die Selbstzubereitung des Essens und ein Prämiensystem eingeführt habe. In der letzten Zeit sei das Einschreiten wegen „Disziplinlosigkeit und Faulheit" nur in Einzelfällen notwendig gewesen. Die im Lager eingerichteten Arrestzellen zur Bestrafung hätten sich gut bewährt. Zur Leistungssteigerung der sowjetischen Kriegsgefangenen wurde ebenfalls ein Prämiensystem eingeführt. Bei guten Leistungen wurden Sonderportionen Essen und Tabakwaren verteilt.

„Über den Einsatz der kriegsgefangenen Russen der Gruppe Minderheiten wies Herr Dr. S. darauf hin, daß diese mit den anderen Gefangenen Russen nicht zusammenkommen dürfen. Wir bekommen 103 voll einsatzfähige und 47 Aufpäppler, die in dem ehemaligen Gefangenenlager an der Schmiede untergebracht werden. Es wäre zur Auseinanderhaltung der beiden Gruppen zweckmäßig, wenn die Gefangenen der Gruppe Minderheiten ein besonderes Kennzeichen erhalten würden, z.B. SUM. Wir erhalten hierüber Bescheid. Ferner sollen wir zur Überwachung der Minderheiten genügend Hilfswachmannschaften aufgeben. Dem Wunsch, den Aufpäpplern ein reichlicheres Essen zu geben, wird nachgekommen, jedoch ist es aus betrieblichen Gründen nicht möglich, diesen eine kürzere Arbeitszeit zuzubilligen. Wir werden jedoch den Aufpäpplern eine möglichst leichte Arbeit übertragen. Soviel uns bekannt ist, sollen bei Rietz (Lokal) sowohl Zivilfranzosen als auch kriegsgefangene Franzosen verkehren. Es wäre zweckmäßig, wenn dieses Lokal entsprechend beobachtet würde. Herr Hauptmann Dr. S. wird hierüber mit der Staatspolizei sprechen.

Ferner haben wir die Wahrnehmung gemacht, daß insbesondere die Tschechen in letzter Zeit versuchen, mit Gefangenen, vor allem Russen, in Verbindung zu treten. So haben Russen Nachrichten über Kriegsereignisse erhalten. Herr Hptm. Dr. S. war für diesen Hinweis dankbar und wird in Zusammenarbeit mit der Staatspolizei in 8 bis 14 Tagen entsprechenden Maßnahmen gegen die Tschechen durchführen. In diesem Zusammenhange wies ich darauf hin, daß durch den Einsatz fast sämtlicher europäischer Nationen im Werke die Einhaltung der Überwachungsvorschriften ganz außerordentlich erschwert ist. Ferner komme es sogar vor, daß Deutsche für sowjetische Arbeitskräfte Partei ergreifen, da es auch Menschen seien. Anschließend wurden die Vertrauensmänner der französischen und belgischen Gefangenen befragt. Sie gaben an, daß sie über das Essen keine Klage vorzubringen haben, daß aber der Kommandoführer zu streng sei und einen rauen Ton anwende. Hierzu bemerkte der Kommandoführer Obergefreiter F., daß er insbesondere Unpünktlichkeiten und Disziplinlosigkeit nicht dulde."[98]

Der Bericht stellt deutlich die Auffassung der Wumag über die Hierarchisierung der Kriegsgefangenen im Betrieb nach Nationalitäten heraus. Die ausländischen kriegsgefangenen Arbeitskräfte werden als Fremdkörper im Betrieb betrachtet. Die Firma erwartete von den zuständigen Wehrmachtsangehörigen ein strenges Durchgreifen und militärische Disziplinierung. Eine Aktennotiz über einen Zwischenfall von Anfang August 1942 verdeutlicht diese Auffassung um so mehr und macht klar, wie weit Wehrmacht und Betrieb zu gehen bereit waren, wenn weltanschaulich Einigkeit herrschte.

„Am Sonntag den 2. August 1942 rief Herr Direktor G. bei mir an, daß sich die Russen (Kriegsgefangene) weigern, die Arbeit aufzunehmen und daß die Wachtposten machtlos dabei stünden. Die Gefangenen hatten erklärt, daß sie mit der zugeteilten Kost nicht arbeiten könnten. Ich verständigte daraufhin Herrn P. den Feldwebel E. von der Jägerkaserne. Der Feldwebel ging in die Baracke und forderte die Kriegsgefangenen durch den Dolmetscher auf, die Arbeit aufzunehmen. Etwa sechs bis sieben traten daraufhin heraus und erklärten sich zur Arbeit bereit, der Rest blieb in der Baracke. Daraufhin ließ Feldwebel E. das gesamte Wacht-Kommando antreten und scharf laden und ging erneut in die Baracke und ließ wieder durch den Dolmetscher erklären, daß er den Gefangenen zwei Minuten Zeit gebe, sich die Sache zu überlegen, wer dann nicht draußen sei würde erschossen werden. Ganz langsam wurde die Baracke leer, es mußte hier und dort noch etwas nachgeholfen werden und die Gefangenen traten vor der Baracke draußen an. Feldwebel E. ließ ihnen nochmals sagen, daß er im Wiederholungsfall bei Arbeitsverweigerung sie einfach mit den Maschinengewehren niederschießen lassen würde. Etwa fünfzig Mann wurden dann für die Vormittagsschicht eingeteilt, die restlichen wurden wieder ins Lager zurückgebracht. Da ihnen für die Sonntagsarbeit zum Abend eine Suppe versprochen wurde, erklärten sie sich bereit, die Arbeit aufzunehmen. Am Nachmittag habe ich mit Herrn Paul das Essen überprüft und als reichlich und einwandfrei befunden. Bei der Nachmittagsschicht flüchteten drei Kriegsgefangene."

---

[98] Landeshauptarchiv Dresden (LHAD), Wumag Görlitz Nr. 13.15.

Schon am 15. April 1944 war ein sowjetischer Kriegsgefangener bei misslungenem Fluchtversuch von einem Schäferhund zerfleischt worden. Der Bericht des Werkschutzleiters weist die Anmerkung „ein sehr gut durchdachter und besprochener Fluchtbericht" auf.

Im gesamten Werk der Wumag arbeiteten seit 1. Oktober 1942 laut „Gefolgschaftsstatistik" 24 sowjetische Kriegsgefangene, am 1. Juni 1943 schon 360. Am 1. Juli 1944 wurde mit 708 Gefangenen der Höchststand erreicht. Davon arbeiteten 300 im Waggonbau und 408 im Maschinenbau, also in Bereichen, für die längst das Anlernen auf Grundlage des Programms „Eisen erzieht" galt. Am 1. Februar 1945 war die Zahl der hier tätigen Kriegsgefangenen auf 155 geschrumpft.

Das Anlernen und die Bemühungen der Betriebe, angelernte Kräfte im Betrieb zu halten, änderte an der Gesamtsichtweise und am Verhalten der Wachmannschaften nichts. Erschießungen gab es auch in anderen Betrieben immer wieder:

Das Stahl- und Walzwerk Friedrich Flick KG Hennigsdorf beschäftigte im Juni 1942 98 Kriegsgefangene zu einem Zeitpunkt, als viele Betriebe bereits das Anlernen praktizierten. Emotionslos wurden Todesfälle protokolliert. „Die kriegsgefangenen Russen sind im Gegensatz zu den Zivilrussen sehr langsam in der Arbeit. Sie sind auch im Ernährungszustand nicht sehr gut. Todesfälle sind bisher fünf erfolgt. Ein Russe wurde auf der Flucht erschossen."[99]

Alexi Andrejeff, geboren am 25. Mai 1907 aus Shirokovo wurde am 31. Januar 1945 auf dem Werksgelände der AG Sächsische Werke in der Gemeinde Lippendorf ohne konkreten Anlass ermordet:

---

[99] Brandenburgisches Landeshauptarchiv (BLHA), Pr.Br. Rep. 75 Stahl- und Walzwerk Friedrich Flick Hennigsdorf Nr. 17, Lagebericht Juni 1942.

„Wurde von einem Wachtposten, der an dem Umladebunker eine Kolonne Kriegsgefangener bewachte erschossen, weil dieser dem Wachtposten verdächtig vorkam und auf Anruf nicht stand." [100]

Insgesamt macht die Art des überlieferten Quellenmaterials der Betriebe eine Bewertung jedoch schwierig. Aus vielen Betrieben sind nur Lohnlisten erhalten, aus anderen der Schriftverkehr mit den Wehrmachtsdienststellen, aus anderen ausschließlich die Korrespondenz mit dem Arbeitsamt. Oft findet man gerade in den Firmen keinen Hinweis zum Anlernen, die sich durch eine besonders rigorose Behandlung der ausländischen Beschäftigten auszeichnen. Deshalb kann ein Vergleich einzelner Betriebe miteinander häufig nicht erfolgen.

---

[100] StAL, AH Borna 2635.

5. Das Anlernen in der staatlichen Forstwirtschaft

Der planwirtschaftliche Charakter, den das Anlernen seit dem Jahr 1943 gewann, wird im Bereich der staatlichen Forstwirtschaft deutlich. Die Vorgehensweise des Reichsforstamtes zeigt in der Chronologie zur Rüstungswirtschaft eine deutliche Parallele. Während des Jahres 1943 entwickelte das Reichsforstamt einheitliche Richtlinien für das Anlernen von Kriegsgefangenen bei der Waldarbeit in den staatlichen Forsten. Dabei holte es sich zunächst Berichte aus den einzelnen Regierungsforstämtern ein, wie die Anlernphase und die Arbeitsteilung für Kriegsgefangene vor Ort bis dahin bewerkstelligt worden war. Die staatliche Forstwirtschaft ist der Sektor, in dem das umfänglichste Quellenmaterial erhalten ist.

In der Phase vor der allgemeinen Überprüfung der Forstkommandos im Januar 1943 arbeiteten die Forstämter mit unterschiedlichen Arbeitsmethoden. Dies äußerte sich in Größe und Organisation der sogenannten „Rotten". Die Forstämter bevorzugten eine Praxis, bei der den Kriegsgefangenen je nach persönlicher Fähigkeit und Körperkraft immer die gleichen Tätigkeiten zugewiesen wurden, während das Reichsforstamt eine Praxis verwirklicht sehen wollte, bei der Zwei-Mann-Rotten nacheinander alle anfallenden Tätigkeiten der Holzhauerei durchzuführen hatten. Weil die kriegsgefangenen Waldarbeiter in ihren Revierförstereien auch lebten, war ein einheitliches Anlernen jedoch schwierig.

Die Arbeitseinteilung im Holzeinschlag war bei den einzelnen Kommandos unterschiedlich und richtete sich nach der Zahl der zur Verfügung stehenden Wachmannschaften. Dabei entwickelten Forstämter unterschiedliche Arbeitsmethoden. Zumeist wurden den Gefangenen je nach Befähigung und körperlichen Kräften unterschiedliche Arbeitsaufgaben zugewiesen. In manchen Forstkommandos mussten alle Kriegsgefangenen unabhängig von ihren Kräften die gleichen Tätigkeiten des Fällens, Entästens und Heraustragens in dieser Reihenfolge ausüben. Dies entsprach auch den durch das Reichsforstamt herausgegebenen Bedingungen für die Arbeitsweise im Holzeinschlag.[101]

Am 19. Dezember 1942 erging durch den Reichsforstmeister eine Anordnung an die Landforstmeister, die Leistungen von in der Forstwirtschaft tätigen Zwangsarbeitern und Kriegsgefangenen überprüfen zu lassen. Diese erste umfangreiche Überprüfung erfolgte auf Grundlage von Meldungen einzelner Kommandos, bei denen für einige Forstverwaltungen unbefriedigende Leistungsergebnisse ermittelt worden waren. Die Landforstmeister wurden beauftragt, für die Überprüfung einen "Arbeitslehrer" oder einen "Arbeitshilfslehrer" zu bestimmen.[102] Der beauftragte Arbeitslehrer hatte für jedes überprüfte Kommando einen Bericht zu verfassen. Die Arbeitsberichte sollten dem Reichsforstamt als Grundlage für weitere zu ergreifende Maßnahmen in der Beschäftigung von Ausländern und Kriegsgefangenen dienen. Für Art und Umfang der Überprüfung wurden besondere Anweisungen erlassen. Im Zentrum der Überprüfung stand die Ermittlung der Arbeitsleistung. Als Grundlage hierfür diente die durchschnittlich geleistete Festmeterleistung im Holzeinschlag pro Mann und Tag. Dieser ermittelte Wert galt den Forstämtern und dem Reichsforstamt als Indikator und Vergleichskennziffer für Leistungsfähigkeit und Arbeitserfolg. Er wurde in Relation zu den durchschnittlichen Festmeterleistungen deutscher Berufswaldarbeiter gesetzt. Als Richtwert galt eine durchschnittliche Tagesfestmeterleistung von zwei Festmetern. Diese Daten fanden ihren Niederschlag in den vom Reichsforstamt herausgegebenen prozentualen „Arbeitsleistungen" von Kriegsgefangenen und Zwangsarbeitern. Neben den Festmeterangaben vermitteln die Prüfberichte einen Überblick über die Arbeiten, die Kriegsgefangene in den Kommandos der Forstwirtschaft ausgeführt haben sowie über ihre Lebenssituation in den Lagerunterkünften.

---

[101] Niedersächsisches Hauptstaatsarchiv Hannover (NHStA), Hann. 180 Lbg. III Acc. XXXVI, Nr. 134.

[102] Ralf Bierod, Arbeitskommandos sowjetischer Kriegsgefangener in der Forstwirtschaft und im Güterumschlag der Provinz Hannover 1941-1945, Magisterarbeit Universität Hannover, 1992.

Von den Arbeitslehrern sollte die Zahl der im Kommando tätigen Arbeitskräfte (Waldarbeiter und Kriegsgefangene) ermittelt werden, die von den Forstämtern im einzelnen praktizierte Arbeitsorganisation, die Größe und Arbeitsteilung der Arbeitsgruppen (Rotten), das Entlohnungsverfahren (Tageslohn oder Leistungslohn), die Form der Überwachung der Kriegsgefangenen während der Arbeit und das für das Jahr 1943 zu leistende Einschlagssoll in Festmetern.

Letztendlich sollte die Überprüfung zu einer Strategie der verbesserten „Anlernung" in der Waldarbeit führen.

Das Reichsforstamt ließ sich über die Arbeitstechnik und die Organisation im Holzeinschlag detailreich berichten. Zur Zeit der durch den Reichsforstmeister angeordneten Überprüfung des Arbeitseinsatzes von Kriegsgefangenen im Januar 1943 arbeiteten zum Beispiel 29 sowjetische Kriegsgefangene in der Revierförsterei Hepstedt, Provinz Hannover, Regierungsforstamt Stade-Aurich.[103] Die Beaufsichtigung der Arbeit in der Holzhauerei erfolgte durch drei Waldarbeiter und zwei 14jährige Jungwaldarbeiter, die gleichzeitig mit arbeiteten und die Fälltechnik der Kriegsgefangenen überprüften. Die drei Waldarbeiter verfügten selbst über eigene Landwirtschaft und standen jeweils für 100 Tage im Jahr zur Verfügung. Sie wechselten sich im Dienst mit vier weiteren Waldarbeitern ab. Die Arbeit im Holzeinschlag erfolgte in Arbeitsgruppen von jeweils drei Kriegsgefangenen, wobei die besseren und schlechteren Arbeitskräfte voneinander getrennt arbeiteten. Das bedeutete aber, dass alle Kriegsgefangenen, unabhängig von der körperlichen Verfassung, die gleichen Tätigkeiten im Holzeinschlag ausübten. Die drei Kriegsgefangenen einer Arbeitsgruppe fällten somit zunächst einen Baum, entästeten den Stamm und trugen diesen aus dem Holzbestand heraus zum Stapel. Die vom Reichsforstmeister immer wieder geforderte Einführung der Arbeitsgruppen von zwei Mann scheiterte am Mangel der notwendi-

---

[103] Berichte des Forstamtes Harsefeld an den Landforstmeister des Reg.-Forstamtes Stade-Aurich 1940-1943. NHStA, Hannover 180 Lbg. III Acc. XXXVI, Nr. 134.

gen Wachmannschaften. Die durchschnittliche Festmeterleistung wurde mit zwei Festmetern pro Mann und Tag angegeben und entsprach somit der durchschnittlichen Festmeterleistung eines Berufswaldarbeiters. Unterbringung und Verpflegung bezeichnete der überprüfende Arbeitslehrer als "gut", die Bekleidung als "ausreichend bis mangelhaft". Für die Verpflegung der Kriegsgefangenen war ein französischer Kriegsgefangener als Koch beschäftigt. Als Sägenschärfer arbeitete ein jugoslawischer Kriegsgefangener. Werkzeuge waren in "ausreichender Zahl" vorhanden. Verwendet wurden DuD Sägen (Schrotsägen) und Harzer Äxte.

Von den ursprünglich 50 sowjetischen Kriegsgefangenen, die im November 1941 in Hepstedt eingetroffen waren, waren bis zum 10. Februar 1942 fünf an „eingeschleppter Krankheit", vermutlich Fleckfieber, gestorben. Von den im Februar 1942 noch lebenden 45 sowjetischen Kriegsgefangenen waren 15 dauernd arbeitsunfähig. Diese Arbeitsunfähigkeit interpretierte das Forstamt als Arbeitsunwilligkeit. Nach einem Bericht des preußischen Landforstmeisters an den Reichsforstmeister vom 30. August 1943 wurden diese Kriegsgefangenen mit Gewalt zur Arbeit gezwungen und später erschossen:

> „Hier leisteten einzelne sowjetische Kriegsgefangene passiven Widerstand insofern, als sie sich krank stellten, um nicht arbeiten zu brauchen. Wenn sie mit Gewalt zur Arbeit gezwungen wurden, verzögerten sie die Arbeit so, daß von einer Leistung nicht mehr gesprochen werden konnte. Als alle Maßnahmen umsonst waren, wurden diese Kriegsgefangenen dem Kontrolloffz gemeldet, sofort abgeführt und nach Vernehmung größtenteils erschossen."

Das Ziel des Anlernens führte also keinesfalls zu einer humaneren Behandlung. Jedoch verzichteten die Revierförstereien auf die in den Richtlinien geforderte Organisation im Holzeinschlag, wenn die Ernährung der Kriegsgefangenen nicht gesichert war. Im Juni 1942 hatte das Forstamt Lüß im Reg.-Forstamt Lüneburg in der Revierförsterei Siedenholz für 100 sowjetische Kriegsgefangene ein forsteigenes Lager eingerichtet. Am 25. Juli 1942 trafen 50 sowjetische Kriegsgefangene ein. Da sich die Sicherstellung der Verpflegung für diese Zahl der Gefangenen schon als schwierig erwies, verzichtete das Forstamt Lüß auf den Einsatz der weiteren 50 Kriegsgefangenen. Im Januar 1943 wurde das Kommando durch den Forstmeister des Forstamtes Ebstorf (Bezirk Lüneburg) überprüft. In dem Bericht wurde der bisherige Arbeitseinsatz geschildert:

„Das Kriegsgefangenenlager Lüß für Russen besteht im Forstamt Lüß seit Juli 1942. Die Kriegsgefangenen wurden zunächst bei Kulturarbeiten (Hacken von Saatstreifen u.ä.) eingesetzt und haben nach entsprechender Einlaufzeit gute Leistungen erbracht. Die Beschäftigung im Holzeinschlag erfolgt erst seit 02. Januar 1943. Körperliche Veranlagung und Leistungsfähigkeit sind bei den einzelnen Kriegsgefangenen sehr verschieden. Der allgemeine Ernährungszustand ist mangelhaft, eine Besserung ist bei der derzeitigen Verpflegung kaum zu erwarten. Dieser Umstand zwingt zur Einteilung von Arbeitsgruppen von sechs Kriegsgefangenen, da nicht alle Kriegsgefangenen jede Teilarbeit der Holzaufarbeitung verrichten können. Auswahl und Zusammenstellung der Kriegsgefangenen für die einzelnen Teilarbeiten sind von den Revierförstern und den aufsichtführenden Waldarbeitern gut getroffen und durchgeführt."[104]

Zur Zeit der Überprüfung arbeiteten 42 sowjetische Kriegsgefangne in Siedenholz. Ein Waldarbeiter beaufsichtigte sechs Kriegsgefangene bei der Arbeit, wobei die Arbeit, wie das Zitat beweist, je nach körperlicher Veranlagung der Kriegsgefangenen aufgeteilt war. Zwei Mann fällten die Bäume, zwei Mann entästeten die Stämme und zwei Mann schafften die Stämme aus dem Bestand heraus zum Stapel. Diese Maßnahme der Arbeitsteilung nach Körperkraft hatte das Forstamt selbständig ergriffen und erfolgte nicht auf der Grundlage einer Verfügung des Reichsforstamtes.

Die Geräteausstattung war dem Prüfbericht nach „vollständig", der Zustand des Werkzeugs wurde als "gut" bezeichnet. Verwendet wurden Schrotsägen und Harzer Äxte. Das Schärfen des Sägewerkzeugs erledigten ein Waldarbeiter und ein Kriegsgefangener gemeinsam. Die Entlohnung erfolgte im Zeitlohn. Die Qualität der Unterkunft bezeichnete der überprüfende Forstmeister als "gut", das Schuhwerk als "schlecht", die Verpflegung und die Bekleidung als "mangelhaft".

---

[104] Berichte des Forstamtes Lüß an das Regierungsforstamt Lüneburg 1942-1943. NHStA, Hannover 180 Lüneburg III Acc. XXIV, Nr. 160.

Das Anlernen wurde auch in der staatlichen Forstwirtschaft durch die Arbeitsämter durch ständigen Abzug der im Wald eingearbeiteten ausländischen Kräfte behindert. im Am 02. September 1943 berichtete das Forstamt Lüß über Leistungssteigerungen im Kriegsgefangeneneinsatz:

> „Die im Forstamt Lüß eingesetzten sowjetischen Kriegsgefangenen sind in den Sommermonaten mit bedingt notwendigen Wege- und Kulturarbeiten beschäftigt worden. Durch Gestellung von ausgesuchten Waldarbeitern als Hilfswachmannschaften ist die Leistung zufriedenstellend, sie beträgt etwa 80 % der Normalleistung eines deutschen Waldarbeiters. Da im o.a. Erlaß für russische Kriegsgefangene kein Stücklohn vorgeschrieben ist, wird nur im Tagelohn gearbeitet. Leistungszulagen werden in Tabakwaren bei besonders guten Leistungen gewährt. ... steht es absolut nicht in meiner Macht, den Abzug von Kriegsgefangenen zu verhindern, bzw. die Stellung von Ersatzgefangenen durchzusetzen. Ich habe mich über das Forst- und Holzwirtschaftsamt und das Reg.-Forstamt beim Arbeitsamt ohne den geringsten Erfolg über den ständigen Abzug angelernter Kriegsgefangener beschwert. Daß durch dauernde Umsetzung der Rotten ein sehr hoher Zeit- und Arbeitsverlust entsteht, ist selbstverständlich."

Das Forstamt nimmt hier Bezug auf die fortlaufende Versetzung von sowjetischen Kriegsgefangenen in die Landwirtschaft. Weil den Forstämtern nur selten neue Kriegsgefangene zugewiesen wurden, wuchs das Arbeitskräftedefizit. Da die Forstämter das jährliche Soll im Holzeinschlag zu erfüllen hatten, bedeutete der ständige Abzug von Kriegsgefangenen für die im Arbeitskommando verbleibenden eine wachsende Mehrbelastung.

Im Forstamt Uetze (Landkreis Burgdorf bei Hannover) waren seit Frühjahr 1941 französische Kriegsgefangene in der Revierförsterei Dachtmissen beschäftigt. Untergebracht waren sie in einem angemieteten Bauernhaus in Hülptingsen. Sie wurden zunächst bei der Aufarbeitung von Windwurfholz, zum Einschneiden und Verladen von Grubenholz und bei Kulturarbeiten eingesetzt. Seit Mitte Dezember 1942 arbeiteten die Kriegsgefangenen im Holzeinschlag. Zum Zeitpunkt der durch den Reichsforstmeister angeordneten Überprüfung durch den Forstmeister des Forstamtes Ebstorf im Januar 1943 arbeiteten 21 französische

Kriegsgefangene in diesem Kommando. In dem Bericht wird der Arbeitseinsatz geschildert:

"Die Lagerbelegschaft hat seit Bestehen des Lagers häufig gewechselt. Körperliche Veranlagung und Leistungsfähigkeit sind bei den einzelnen Kriegsgefangenen sehr verschieden. Dieser Umstand bedingt die Einteilung in Arbeitsrotten mit vier bis sechs Kriegsgefangenen, da nicht alle Kriegsgefangenen in der Lage sind, jede Teilarbeit der Holzaufarbeitung auszuführen. So müssen jeweils die geeigneten Kräfte für Fällen, Asten und Schälen sowie Einschneiden und Aufsetzen des Schichtholzes ausgesucht und entsprechend zusammengestellt werden. Es ist beabsichtigt, anstatt des bislang gewährten Tagelohnes künftig einen Stücklohn einzuführen. Die zuständigen Revierförster und die aufsichtführenden Waldarbeiter verfügen über ausreichende arbeitstechnische Kenntnisse, um den Einsatz der Kriegsgefangenen zu leiten und zu überwachen."[105]

Körperliche Belastbarkeit und Leistungsfähigkeit waren hier, wie auch bei den sowjetischen Kriegsgefangenen in Lüß, sehr unterschiedlich. In beiden Kommandos ließ man die schwächeren Arbeitskräfte die leichteren Tätigkeiten ausüben, so dass in beiden Kommandos teilweise in Arbeitsgruppen von sechs Mann gearbeitet wurde. Dabei waren zwei Mann mit Fällen der Bäume, zwei Mann mit Entästen der Stämme und zwei Mann mit Heraustragen der Stangen beschäftigt. Die Kriegsgefangenen taten so immer dasselbe, und die Forstämter versprachen sich davon ein höheres Leistungsergebnis. Trotz Anordnung des Reichsforstmeisters und mehrfacher Aufforderung durch das Reg.-Forstamt, Arbeitsgruppen von zwei bis vier Mann einzuführen, behielt das Forstamt Uetze die Praxis der Arbeitsgruppen von sechs Mann bei, um der unterschiedlichen körperlichen Belastbarkeit der Kriegsgefangenen gerecht zu werden. Die durchschnittliche Tagesfestmeterleistung eines französischen Kriegsgefangenen wurde mit 1,5 Festmetern ermittelt, die eines Waldarbeiters mit 2,5 Festmeter. Für das für 1943 vorgesehene Holzeinschlagssoll von 5800 Festmeter war für 21 französische Kriegsgefangene, zehn dauernd beschäftigte und vier vorübergehend beschäftigte Waldarbeiter eine Beschäftigungsdauer im Holzeinschlag von 88 Tagen veranschlagt. Die Entlohnung der französischen Kriegsgefangenen erfolgte im Zeitlohn.

---

[105] Berichte des Forstamtes Uetze an den Forstmeister des Regierungsforstamtes Lüneburg. NHStA, Hannover 180 Lbg. III Acc. XXIV, Nr. 160.

In Dachtmissen beaufsichtigte ein Waldarbeiter vier bis sechs französische Kriegsgefangene und arbeitete gleichzeitig mit. Das Schärfen der Sägewerkzeuge übernahm ein Waldarbeiter. Das Werkzeug befand sich in "gutem Zustand" und war in "vollständiger Zahl" vorhanden. Verwendet wurden auch hier Schrotsägen und Harzer Äxte. Die Kategorien Bekleidung, Unterkunft und Verpflegung bezeichnete der überprüfende Forstmeister als ausreichend, den Zustand der Schuhe als allgemein schlecht. Das Forstamt Uetze beurteilte die Arbeitsmotivation der kriegsgefangenen Franzosen:

> "Es ist keiner der kriegsgefangenen Franzosen unter sieben Jahre Soldat, davon sind sie drei Jahre in Gefangenschaft. Die Gefangenen sind sehr abgestumpft. Die Revierförster Riedel und Wedekind haben sich ebenso wie die Waldarbeiter alle erdenkliche Mühe mit diesen berufsfremden Arbeitskräften gegeben. Unüberwindliche Schwierigkeiten, die die Beamten in ihren Berichten erläutern, stellen sich ihnen aber entgegen. Diese wurden dadurch erhöht, daß die Kreisbauernschaft und das Arbeitsamt fortgesetzt die Kriegsgefangenen aus dem forstlichen Lager abzogen, die für den Holzeinschlag angelernt und geeignet waren, mit der Begründung, daß die Landwirtschaft und damit die Ernährung vorgingen."

Im November 1943 wurden die französischen Kriegsgefangenen aus Hülptingsen abgezogen und durch sowjetische Kriegsgefangene, die Anfang Januar 1944 in Hülptingsen eintrafen, ersetzt. Im Dorf Altmerdingsen ließ das Forstamt eine neue Lagerunterkunft für 50 Kriegsgefangene errichten, die zu den Forsteinsatzorten zentraler gelegen war, als die am äußeren Westrand des Burgdorfer Holzes gelegene Unterkunft in Hülptingsen. In Altmerdingsen wurden die sowjetischen Kriegsgefangenen des Forstkommandos gemeinsam mit weiteren 15 untergebracht, die von der Gemeinde beschäftigt wurden. Das Forstkommando bestand zumindest noch im Oktober 1944. Zu diesem Zeitpunkt beantragte das Forstamt einen Telefonanschluß für die Lagerunterkunft.

Der Bericht des Reichsforstmeisters über die Ergebnisse der Überprüfung des Arbeitseinsatzes vom Januar 1943 war Gegenstand einer Dienstbesprechung der Forstmeister des Bezirks Lüneburg am 15. Februar 1943, auf der versucht wurde, den Umfang der auszuführenden

Arbeiten im Arbeitseinsatz von Kriegsgefangenen einzugrenzen. In ihrem an das Reichsforstamt weitergeleiteten Bericht orientierten sie sich an den Richtlinien, die das Reichsforstamt selbst vorgegeben hatte:

"Die für die Forstwirtschaft eingesetzten Kriegsgefangenen sind vordringlich für die Holzhauerei einzusetzen. Die von den Kriegsgefangenen bislang gezeigten Leistungen sind bis auf wenige Ausnahmen unbefriedigend. Leistungshemmend wirkt insbesondere die vielfach geübte Arbeit in großen Rotten und Kolonnen. Nach entsprechender Anlernzeit, höchstens vier Wochen, ist in der Holzhauerei stets die Zwei- Mann bzw. Vier- Mannrotte einzuführen. Für den Holzeinschlag ungeeignete KG sind entweder ganz auszuscheiden oder bei anderen leichteren Arbeiten einzusetzen. Auf die Auswahl wirklich geeigneter Waldarbeiter für die Beaufsichtigung der Kriegsgefangenen ist besonderer Wert zu legen. Ein Waldarbeiter kann bis zu 14 Kriegsgefangene beaufsichtigen. Eigene Mitarbeit ist nicht unbedingt erforderlich. Die Arbeit im Holzeinschlag ist möglichst im Stücklohn (bei Franzosen stets) durchzuführen."

Die in dem Arbeitsbericht formulierten und zuvor vom Reichsforstmeister geforderten Richtlinien sind von den Forstämtern so zum Teil nicht umgesetzt worden. Die französischen Kriegsgefangenen des Kommandos in Uetze blieben nach wie vor in Arbeitsgruppen von sechs Mann aus den bekannten Gründen beschäftigt. Das Forstamt Lüß führte den Stücklohn für die sowjetischen Kriegsgefangenen nicht ein und beschäftigte sie auch weiterhin außerhalb des Holzeinschlags für Wege- und Kulturarbeiten. Der Arbeitsbericht kann daher als eine Ruhigstellungsmaßnahme an die oberen Dienststellen bewertet werden. In der Praxis orientierten sich die Forstämter eher an praktischen Erfordernissen und nicht an den vorgegebenen Richtlinien.

Folge der Überprüfung des Arbeitseinsatzes in der Forstwirtschaft war die Ausbildung von Waldarbeitern zu „Kolonnenführern".[106] Hierzu fanden von Frühjahr 1943 bis Frühjahr 1944 mehrere achttägige „Kolonnenführerlehrgänge" zum Beispiel in den Waldarbeiterausbildungslagern Hankensbüttel, Münchehof und Rhoden statt. Alle Forstämter waren verpflichtet, regelmäßig deutsche Waldarbeiter, die mit Kriegsgefangenen arbeiteten, zu diesen Seminaren zu melden. Im Vordergrund

---

[106] Runderlass des Reichsforstmeisters vom 24. März 1943. NHStA, Hannover 180 Lbg. III Acc. XXIV, Nr. 160.

stand hierbei die Verbesserung der Hautechniken der Waldarbeiter und die Vermittlung von Lehrmethoden. Davon versprach man sich letztendlich ein höheres Leistungsergebnis bei den im Forst beschäftigten Kriegsgefangenen und Zivilarbeitern. Die Waldarbeiter hörten auf den Lehrgängen neben Vorträgen über die Technik der Waldarbeit, pädagogische Vorträge wie ,,Was muß ich von der Anlernung und Führung von Gefangenen usw. wissen?" und praktizierten Übungen wie "Die Anlernung von Gefangenen im Wald, Arbeitstechnik, Leistungsermittlung, Pensumszuweisung".[107]

Die Vereinheitlichung der Arbeitsweisen im Forst konnte erst nach Beendigung der Kolonnenführerlehrgänge zu einem Ergebnis führen. So zeichnet sich eine parallele Entwicklung zur Rüstungsindustrie ab. Auch hier wurden seit dem Jahr 1944 Betriebe verpflichtet, Ausbilder in externen Grundlehrgängen schulen zu lassen. Letztendlich ist die Kolonnenführerausbildung als Maßnahme zu verstehen, mit deren Hilfe das Reichsforstamt das Anlernen der Kriegsgefangenen in den Forsten vereinheitlichen wollte. Grundsätzlich unterscheidet sich dieses Vorgehen nicht von dem in der Industrie. Auch hier gab es von 1944 an die Refa-Grundlehrgänge für Ausbilder zum Anlernen von Ausländern. Im Bergbau waren schon 1943 Ausbildungsleiter bestimmt worden. Darüber hinaus setzte man im Bergbau auf die Ausbildung von Meisterhauern, die jedoch in erster Linie deutsche Nachwuchskräfte heranbilden sollten.

---

[107] NHStA, Hannover 180 Hann a2, Nr. 425.

6. Zusammenfassung

Für das Anlernen von Kriegsgefangenen und ausländischen Zivilisten bestand vor der Jahresmitte 1942 zweifelsfrei ein Handlungsspielraum. Keinesfalls erfolgte das Anlernen erst nach Berufung von Fritz Sauckel und Albert Speer, wie es Naasner, Hammermann und andere Autoren annahmen. Es gab einige Betriebe und Unternehmen, die diesen Handlungsspielraum nutzten. Eindeutig geht aus Unternehmensakten hervor, dass das Regime bis dahin das Anlernen von Ausländern und Kriegsgefangenen in Betrieben vorausgesetzt hatte. Art und Umfang dieses Anlernens wurde seit der Jahresmitte 1942 von den Arbeitsämtern abgefragt. Die Richtliniengebung wurde wohl durch erfolgreiche Beispiele inspiriert und orientierte sich besonders im Metallbereich an den schon zu zivilen Friedenszeiten erarbeiteten Programmen der DAF. Darüber hinaus setzten andere Betriebe - primär Produzenten von Rüstungsgütern - seit der Jahresmitte 1942 die Forderung des Regimes nach intensivem Anlernen bereitwillig um, zumal im Flugzeugbau der Reichsluftfahrtminister die Anlernkosten übernahm. Allerdings gab es eine beachtliche Anzahl von Werken - gerade im Bergbau - die dem Anlernen bis in das letzte Kriegsjahr hinein beharrlich distanziert gegenüber standen und erst im Verlauf des Jahres 1944 in größerem Maßstab zum Anlernen übergingen.

Als Anlernen oder Umschulen verstand das Regime eine Einarbeitungszeit von acht bis zwölf Wochen Dauer. Einige Unternehmen entwickelten darüber hinaus eigene Vorstellungen in der falschen Annahme, langfristig über die Angelernten verfügen zu können und sprachen von Zeiträumen der Schulung zwischen sechs Monaten und zwei Jahren. Diese häufig an offizielle Stellen gerichteten Papiere können jedoch auch als Alibiprogramm interpretiert werden, um die eigene deutsche Belegschaft vor Einberufungen zu schützen.

Die wachsende Ablehnung gegenüber dem Anlernen hatte verschiedene Gründe. Es war erklärtes Ziel von Speer und Sauckel, dass die Betriebe ihre Fachkräfte aus dem eigenen Bestand von zivilen und kriegsgefangenen Ausländern durch Schulung heranbilden sollten. Damit wollte man einerseits die Arbeitsämter entlassen. Andererseits sollten die Arbeitsämter die angelernten Fachkräfte aber jederzeit nach Dringlichkeitslage aus den Betrieben abziehen und umsetzen dürfen. Das Anlernen sollten allein die Betriebe in ihren Werkstätten übernehmen, während die Arbeitsämter über die angelernten Kräfte verfügen sollten. Somit hatten die Betriebe von den angelernten ausländischen Kräften keinen langfristigen Vorteil. Viele Betriebe erkannten nicht, dass das Regime einen universell verfügbaren Pool an Fachkräften heranbilden wollte und lagen fortan im Streit mit den Arbeitsämtern, wenn diese wiederholt angelernte Ausländer abzogen. Grundsätzlich nahmen die Betriebe an, angelernte Personen im Betrieb behalten zu dürfen. Als sich zeigte, dass die Arbeitsämter die Betriebe allein nicht zum Anlernen animieren konnten, wurde den größeren Betrieben die Berufung des Arbeitseinsatzingenieurs vorgeschrieben. Mit deren Hilfe gewannen die Arbeitsämter direkten Einblick in den Qualifizierungsstand und das Fachkräftepotential des Betriebs.

Ein weiterer wesentlicher Grund war der ideologische Widerspruch. Immer mehr zeigte sich, dass die Ausländer die deutschen wehrfähigen Kräfte ersetzen sollten. Während die Deutsche Arbeitsfront noch 1942 propagandistisch umständliche Erklärungen erfand, um das Anlernen von Fachkräften vor den deutschen Belegschaften zu rechtfertigen, bemühte sich das Regime während des letzten Kriegsjahres kaum noch, den wahren Grund zu verschleiern. Zu diesem Zeitpunkt spielten jedoch Nationalitätengruppen, ihr Status und ihre Trennung voneinander kaum mehr eine Rolle für die Arbeitsämter. Beim Anlernen zählten die absoluten Zahlen, wobei 1944 noch die Qualifizierungswelle für deutsche Frauen, Kriegsversehrte, Strafgefangene und für Rentner auf Basis derselben DAF-Kurse folgte. Die Betriebe wurden zur Teilnahme an den Refa-Grundlehrgängen zur Schulung von Arbeitslehrern und Ausbildern verpflichtet. Einzig in der staatlichen Forstwirtschaft gelang es dem Regime, das Anlernen ausnahmslos in geschlossenen Arbeitskommandos für Kriegsgefangene zu vereinheitlichen.

Albert Speer äußerte sich über die Erfolge des Anlernens stets unzufrieden, obwohl im letzten Kriegsjahr für viele Waffen die höchsten Stückzahlen gefertigt wurden. Deshalb kann das Anlernen als ein Instrument im Sinne des Primats der Politik bezeichnet werden. Wie hoch der Anteil des Anlernens an den hohen Stückzahlen der Waffenproduktion im letzten Kriegsjahr zu bewerten ist, lässt sich freilich nicht beantworten. Es gelang dem Regime jedoch nicht, das Anlernen mit der gewünschten Konsequenz durchzusetzen. Hier zeigt sich ein lokaler Machtkonflikt zwischen den Betrieben und den Arbeitsämtern vor Ort, der täglich neu austariert wurde. Das Anlernen erweist sich weniger als Indikator für die Hierarchisierung der Nationalitätengruppen, vielmehr als Nachweis für das konfliktträchtige Verhältnis der Betriebe gegenüber den Arbeitsämtern. Jedoch muss ganz entschieden der These widersprochen werden, dass das Anlernen allein der Politik Sauckels und Speers zuzuschreiben sei. Sie formulierten nur das zu Richtlinien, was zum Zeitpunkt ihrer Berufung in vielen Betrieben bereits Praxis war.

Das Anlernen führte keinesfalls zu einer grundsätzlich besseren Behandlung am Arbeitsplatz. In vielen Betrieben blieben die Androhung und der Einsatz von Gewalt trotz Anlernmaßnahmen ein Werkzeug zur Leistungssteigerung.

Quellenverzeichnis

Quellen des Sächsischen Staatsarchivs Leipzig (StAL)

ASW Braunkohlen- und Großkraftwerk AG Böhlen
Nr. 1167.

Brabag Braunkohlen-Benzin AG Berlin Werk Böhlen
Nr. 132.

Amtshauptmannschaft Borna
Nr. 492, Nr. 493, Nr. 495, Nr. 2635.

Kreisverwaltung Borna
Nr. 2346 Fe. E. Weidenmüller AG Papierfabriken.

Steingutfabrik Colditz AG
Nr. 13, Nr. 18, Nr. 19, Nr. 20, Nr. 21, Nr. 24, Nr. 43, Nr. 46, Nr. 48, Nr. 49, Nr. 98, Nr. 543, Nr. 64, Nr. 66, Nr. 86, Nr. 87, Nr. 88, Nr. 89, Nr. 90.

Schroedersche Papierfabrik Golzern
Nr. 335, Nr. 98, Nr. 348.

Kemlitzer Kaolinwerke Nr. 7.

Bruderzeche H. Solf AG Kribitzsch
Nr. 13, Nr. 14, Nr. 15, Nr. 16.

Braunkohlenwerke Kribitzsch-Zechau

Nr. 36, Nr. 101, Nr. 105.

Leipziger Braunkohlenwerke AG Kultwitz

Nr. 99, Nr. 187, Nr. 188, Nr. 200.

Vulkan, Weiss und Bössler AG Gummiwarenfabrik Leipzig

Nr. 207.

Reinhold Patschke Eisenbau Leipzig

Nr. 35, Nr. 210.

Rudolf Sack Landmaschinenbau Leipzig

Nr. 715, Nr. 196, Nr. 704, Nr. 705, Nr. 204, Nr. 182, Nr. 183, Nr. 184 .

Sächsische Wollgarnfabrik vorm. Tittel & Krieger Leipzig

Nr. 360, Nr. 361, Nr. 362, Nr. 179.

Regiser Braunkohlenwerke

Nr. 10, Nr. 16, Nr. 18, Nr. 62. Nr. 147, Nr. 148, Nr. 149,

Nr. 72, Nr. 72/1 - 72/13, Nr. 75, Nr. 77, Nr. 119, Nr. 130, Nr. 131.

Stadt Regis-Breitingen

Nr. 33.

Rositzer Braunkohlenwerke AG

Nr. 169.

Grundherrschaft und Gut Püchau

Nr. 2444, Nr. 2447.

Gewerkschaft Leipzig-Dölitzer Kohlenwerke

Nr. 11 Nr. 10, Nr. 630, Nr 631.

Leipziger Baugewerbe

Nr. 25, Nr. 26.

Kadner und Co. Sächs. Patentfabrik Roßwein

Nr. 85.

Villeroy und Boch Steingutfabrik Torgau

Nr. 76, Nr. 216 Nr. 100, Nr. 101, Nr. 85, 74, Nr. 87, Nr. 105, Nr. 215.

Braunkohlenwerke Leonhard AG Zipsendorf

Nr. 85, Nr. 86, Nr. 87, Nr. 88.

Landeshauptarchiv Sachsen-Anhalt Landesarchiv Magdeburg

Rep I A.W. Mackensen Maschinenfabrik und Eisengießerei GmbH Nr. 13.

Rep I Maschinenfabrik Buckau R. Wolf AG

Nr. 1043, Nr. 1044, Nr. 1045, Nr. 1046, Nr. 1047, Nr. 1048,

Nr. 1049, Nr. 1050, Nr. 1051, Nr. 1052, Nr. 1053, Nr. 1054, Nr. 1457, Nr. 1458, 1459, Nr. 1460, Nr. 1461.

Rep I Polte OHG

Nr. 257/78, Nr. 257/103, Nr. 257/247, Nr. 257/101, 257/252-256, Nr. 257/65-68.

Rep. I C. Louis Strube AG

Nr. 478/22.

Rep I Eisenhüttenwerk Thale AG

Nr. K 232.

Rep I Fahlberg-List Magdeburg

Nr. 743, Nr. 744, Nr. 746.

Rep I Buna Werke GmbH Schkopau

Nr. 459, Nr. 460, Nr. 461, Nr. 462, Nr. 464, Nr. 466, Nr. 467, Nr. 468, Nr. 470, Nr. 473.

Rep. I. I.G. Farbenfabrik Wolfen Nr. 661, Nr. 738, Nr. 1941, Nr. 1916, Nr. 1917, Nr. 1988, Nr. 1406, Nr. 1408, Nr. 2004.

Rep. I. IV Kaliarchiv

Preußische Bergwerks- und Hütten AG Kaliwerk Staßfurt AI PST 1155, 1174, 1175, 1176, 1177, 1178, 1179, 1182, 1183, 1184, 1185.

Rep. I Deutsche Solvaywerke AG Kaliwerk Bernburg-Solvay AI SOW Nr. 90, 91, 92, 93, 94, 95, 96, 97, 98, 99, 100, 208, 268, 269, 270, 271, 278, 317, 345, 346, 385, 857, 858, 876, 882, 887, 1123, 1395.

Rep. I Braunkohlenbenzin AG Werk Zeitz Nr. 128, 131, 132, 146, 228.

Rep. I Ph. Holzmann AG Niederlassung Halle Nr. 49.

Rep. I. Hoch- und Tiefbau AG Breslau Niederlassung Halle Nr. 42.

Rep. I. Salzbergwerk Neustaßfurt AI, SN 1c Nr. 19, 2h Nr. 175, Nr. 176, Nr. 177, Nr. 178, Nr. 182, Nr. 183, Nr. 184, Nr. 185, Nr. 186.

Rep. I. Gewerkschaft Burbach AI, BU 1c Nr. 6, 2b Nr. 9, 2f Nr. 5, 2h Nr. 2, 2h Nr. 8, 2h Nr. 13, 2h Nr. 20.

Rep. I. Hallesche Kaliwerke AG AI, HAL Nr. 11.

Rep. I. Kaliwerk Krügershall AG AI, KR Nr. 46, Nr. 47, Nr. 61, Nr. 62, Nr. 63.

Sächsisches Hauptstaatsarchiv Dresden (HStAD)

7.0.3. Mitteldeutsche Stahlwerke AG Riesa Nr. 15.13.

7.0.5. Sächsische Gußstahlwerke Freital AG Nr. 124

9.0.2. Phänomen Werke Gustav Hiller AG Zittau aus der Abgabe 1974(!) Nr. 89, 90, 171

9.0.4. Waggonbau Görlitz Nr. 1512.

11.0.3. SEG Sörnewitz Nr. 29, 41, 43, 44, 45, 89.

12.0.3. Zeiss Ikon AG vorm. Ernemann Dresden Nr. 178, Nr. 223, Nr. 243.

20.0.5. "Der Güternahverkehr" Nr. 5.

Brandenburgisches Landeshauptarchiv Potsdam

Pr. Br. Rep. 75 Braunkohlenbenzin AG Werk Schwarzheide Nr. 38, Nr. 57, Nr. 58, Nr. 59, Nr. 60, Nr. 412.

Pr. Br. Rep. 75 Mitteldeutsche Stahl- und Walzwerke Friedrich Flick Hennigsdorf Nr. 2, Nr. 17.

Pr. Br. Rep. 75 IG Farbenwerk Premnitz Nr. 131, Nr. 132, Nr. 133, Nr. 710, Nr. 3189, Nr. 184, Nr. 194, Nr. 200, Nr. 207,

Nr. 208, Nr. 210, Nr. 215, Nr. 216, Nr. 217, Nr. 218, Nr. 220, Nr. 3190, Nr. 221, Nr. 284., Nr. 1069, Nr. 1070, Nr. 1071,

Nr. 3217, Nr. 1860, Nr. 1643-1647, Nr. 1648.

Pr. Br. Rep. 75 Optische Werke Rathenow Nr. 6, Nr. 7.

Landesarchiv Berlin

Rep. 250-03-04 Akkumulatoren-Fabrik AG Berlin (AfA) Nr. 11, 12, 27, 33, 36, 37, 39, 40, 42, 65.

Rep. 250-03-02 Bergmann Elektrizitätswerke AG Nr. 20, 27, 51, 56, 80, 95, 116.

Rep. 227-02 AEG Nr. 70.

Rep. 227-04 AEG Nr. 22, 24, 55, 70, 76, 81, 83, 137, 219.

Rep. 250-04-07 Schultheiss Brauerei AG Nr. 68, 69, 70, 71, 97.

Rep. 229 Schering AG Nr. S/511, S/512, S/30, S/33.

Rep. 250-02-06 Kodak AG Nr. 89.

Rep. 228 Deutsche Niles Werke Nr. 44.

Rep. 250-01-09 Gebrüder Dopp AG Nr. 11.

Rep. 250-03-09 Elektrolux AG Nr. 14.

Rep. 250-03-10 GEMA Nr. 20, 46.

Rep. 250-02-05 Kali-Chemie AG Werk Kanne Nr. 10.

Rep. 250-03-06 Heinrich List AG Nr. 10, 78, 82, 83, 92, 94.

Landeshauptarchiv Weimar (LHAW)

W. Gustloffwerk Weimar Nr.20, Nr. 99.

Carl Zeiss Jena III/129/840, III/129/841, III/129/842, III/129/843.

Waggonfabrik Gotha BI/44, BI/45.

Metallwerk Alfred Schwarz Nr. 60/MS.

Rheinmetall Borsig Werk Sömmerda Nr. 04/2.

Der Reichsstatthalter Nr. 275.

Thüring. Minister des Innern P Nr. 99.

Gauarbeitsamt Nr. 11.

Landesarbeitsamt Mitteldeutschland Nr. 12, Nr. 16, Nr. 24.

Niedersächsisches Hauptstaatsarchiv Hannover (NHStA):

Hannover 180 Lbg. III Acc. XXIV Nr. 160, Nr. 165, Nr. 166.
Hannover 180 Lbg. III Acc. XXX Nr. 672.
Hannover 180 Lbg. III Acc. XXXVI, Nr. 134.
Hannover 180 Hann. a1 Nr. 1214, Nr. 1215.

Hannover 180 Hann. a2 Nr. 425, Nr. 742.

Hannover 180 Hildesheim Nr. 17305, Nr. 17306, Nr. 17316, Nr. 17534.

Hannover 122a Acc. XXXIV Nr. 7060, Nr. 7061, Nr. 7063, Nr. 7073.

Nds. 300 Acc. 27/71 Nr. 40, Nr. 48, Nr. 135.

Literatur

Barkai, Avraham: Das Wirtschaftssystem des Nationalsozialismus. Ideologie, Theorie, Politik 1933-1945. Frankfurt/M. 1988.

Bories-Sawala, Helga: Franzosen im ,,Reichseinsatz". Deportation, Zwangsarbeit, Alltag. Erfahrungen und Erinnerungen von Kriegsgefangenen und Zivilarbeitern. Frankfurt 1996.

Breloer, Heinrich: Die Akte Speer. Spuren eines Kriegsverbrechers. Berlin 2006.

Doegen, Wilhelm: Kriegsgefangene Völker. Der Kriegsgefangenen Haltung und Schicksal in Deutschland. Berlin 1921.

Fiedler, Gudrun/ Ludewig, Hans-Ulrich. Zwangsarbeit und Kriegswirtschaft im Lande Braunschweig 1939-1945. Braunschweig 2003.

Fest, Joachim: Speer. Eine Biographie. 2. Auflage. Berlin 1999.

Frese, Matthias: Betriebspolitik im ,,Dritten Reich". Deutsche Arbeitsfront, Unternehmer und Staatsbürger in der westdeutschen Großindustrie 1933-1939. Paderborn 1991.

Fröbe, Rainer, Füllberg-Stollberg, Claus, Gutmann, Christoph, Keller, Rolf, Obenaus, Hachtmann, Rüdiger: Industriearbeit im Dritten Reich. Untersuchungen zu den Lohn- und Arbeitsbedingungen in Deutschland 1933-1945. In: Kritische Studien zur Geschichtswissenschaft Bd. 82. Göttingen 1989.

Geuter, Ulfried: Das Institut für Arbeitspsychologie und Arbeitspädagogik der Deutschen Arbeitsfront. In: 1999. Zeitschrift für Sozialgeschichte des 20. Und 21. Jahrhunderts. 2. Jahrgang. 1987. H.1.

Hammermann, Gabriele: Zwangsarbeit für den Verbündeten. Die Arbeits- und Lebensbedingungen der italienischen Militärinternierten in Deutschland 1943-1945. Tübingen 2002.

Herbert, Ulrich: Fremdarbeiter. Politik und Praxis des "Ausländer-Einsatzes" in der Kriegswirtschaft des Dritten Reiches. 2. Aufl., Bonn 1986.

Ders.: Geschichte der Ausländerbeschäftigung in Deutschland 1880 bis 1980. Saisonarbeiter, Zwangsarbeiter, Gastarbeiter. Berlin/Bonn 1986.

Ders. (Hg.): Europa und der "Reichseinsatz". Ausländische Zivilarbeiter, Kriegsgefangene und KZ-Häftlinge in Deutschland 1938-1945. Essen 1991.

Hopmann, Barbara; Spoerer, Mark; Weitz, Birgit und Brüninghaus, Beate: Zwangsarbeit bei Daimler Benz. Beiheft 78 der Zeitschrift für Unternehmensgeschichte. Stuttgart 1994.

Janssen, Gregor. Das Ministerium Speer. Berlin 1968.

Kaienburg, Hermann: Die Wirtschaft der SS. Berlin 2003.

Kannapin, Hans-Eckhardt: Wirtschaft unter Zwang. Köln 1966.

Kershaw, Ian: Der NS-Staat. Geschichtsinterpretationen und Kontroversen im Überblick. Erweiterte Neuausgabe. 2. Auflage Hamburg 2001.

Köhler, Otto: und heute die ganze Welt. Die Geschichte der IG Farben, Bayer, BASF und Hoechst. Köln 1990.

Köhler, Nils: Zwangsarbeit in der Lüneburger Heide. Organisation und Alltag des Ausländereinsatzes 1939-1945. 2. Auflage. Bielefeld 2004.

Moilin, Gerhard Th.: Montankonzerne und Drittes Reich. Der Gegensatz zwischen Monopolindustrie und Befehlswirtschaft in der deutschen Rüstung und Expansion 1936-1944. Göttingen 1988.

Mommsen, Hans/ Grieger, Manfred: Das Volkswagenwerk und seine Arbeiter im Dritten Reich. Düsseldorf 1996.

Naasner, Walter. Neue Machtzentren in der deutschen Kriegswirtschaft 1942-1945. Boppard 1994.

Oltmer, Jochen (Hrsg.): Kriegsgefangene im Europa des Ersten Weltkriegs. In: Krieg in der Geschichte, Band 24. Paderborn 2005.

Pesch, Martin: Struktur und Funktionsweise der Kriegswirtschaft in Deutschland ab 1942 - unter besonderer Berücksichtigung des organisatorischen und produktionswirtschaftlichen Wandels in der Fahrzeugindustrie. Köln 1988.

Rathkolb, Oliver (Hg.): NS-Zwangsarbeit. Der Standort Linz der Reichswerke Hermann Göring AG Berlin 1938 bis 1945. Wien 2001.

Rebentisch, Dieter: Führerstaat und Verwaltung im Zweiten Weltkrieg. Verfassungsentwicklung und Verwaltungspolitik 1939-1945. Stuttgart 1989.

Recker, Marie-Luise: Nationalsozialistische Sozialpolitik im Zweiten Weltkrieg. In: Institut für Zeitgeschichte (Hg.): Studien zur Zeitgeschichte, Bd. 29. München 1985.

Roth, Karl und Schmid, Michael: Die Daimler Benz AG 1916-1948. Schlüsseldokumente zur Konzerngeschichte. In: Schriften der Hamburger Stiftung für Sozialgeschichte des 20. Jhdts, Bd. 5. Nördlingen 1987.

Rubner, Heinrich: Deutsche Forstgeschichte 1933-1945. Forstwirtschaft, Jagd und Umwelt im NS-Staat. St. Katharinen 1985.

Schreiber, Gerhard: Die italienischen Militärinternierten im deutschen Machtbereich 1943-1945. Verraten, verachtet, vergessen. In: Militärgeschichtliches Forschungsamt (Hg.): Beiträge zur Militärgeschichte, Bd. 28. München 1990.

Schulte, Jan Erik. Zwangsarbeit und Vernichtung: Das Wirtschaftsimperium der SS. Oswald Pohl und das SS-Wirtschafts-Verwaltungshauptamt 1933-1945. Paderborn 2001.

Siegel, Tilla und Freyberg, Thomas von: Industrielle Rationalisierung unter dem Nationalsozialismus. Frankfurt/M. 1991.

Siemens, Georg:Der Weg der Elektrotechnik. Die Geschichte des Hauses Siemens. Band 2. München 1961.

Speer, Albert: Erinnerungen. Berlin 1969.

Speer, Albert: Der Sklavenstaat. Meine Auseinandersetzungen mit der SS. Stuttgart 1981.

Spoerer, Mark: Zwangsarbeit unter dem Hakenkreuz. Ausländische Zivilarbeiter, Kriegsgefangene und Häftlinge im Deustchen Reich und im besetzten Europa 1939-1945. Stuttgart 2001.

Stratmann, Friedrich: Chemische Industrie unter Zwang? Staatliche Einflußnahme am Beispiel der chemischen Industrie Deutschlands 1933-1949. Stuttgart 1985.

Tenfelde, Klaus und Seidel, Hans-Christoph (Hrsg.): Zwangsarbeit im Bergwerk. Der Arbeitseinsatz im Kohlenbergbau des Deutschen Reiches und der besetzten Gebiete im Ersten und Zweiten Weltkrieg. Band 1 Forschungen und Band 2 Dokumente. Essen 2005.

Volkmann, Hans-Erich: Zum Verhältnis von Großwirtschaft und NS-Regime im Zweiten Weltkrieg. In: Nationalsozialistische Diktatur 1933-1945. Eine Bilanz. Hg. v. Karl Dietrich Bracher u.a. Bonn 1986.

ibidem-Verlag

Melchiorstr. 15

D-70439 Stuttgart

info@ibidem-verlag.de

www.ibidem-verlag.de
www.ibidem.eu
www.edition-noema.de
www.autorenbetreuung.de